KATALOGE DES
BAYERISCHEN NATIONALMUSEUMS MÜNCHEN

Band XIV

Spiele

GESELLSCHAFTSSPIELE AUS EINEM JAHRTAUSEND

BEARBEITET VON
GEORG HIMMELHEBER

1972

DEUTSCHER KUNSTVERLAG

INHALT

VORWORT

Das Bayerische Nationalmuseum birgt in seinen Sammlungen eine Fülle künstlerisch gestalteter kulturhistorischer Objekte, die in ihrem Eigenwert bisher nur selten oder nicht ausreichend gewürdigt wurden. So läßt ein Thema quer durch die Jahrhunderte, wie es mit dem Katalog „Spiele" angeschnitten wird, eine Facette der Lebensformen früherer Generationen aufleuchten, die diese von einer besonders liebenswerten, menschlichen Seite zeigt.
Die vorliegende Publikation gibt erwünschte Gelegenheit, erstmals diesen interessanten Sektor der im Schatten der großen Kunstwerke stehenden, kleinen und gleichzeitig seltenen, uns heute kostbaren Zeugnisse der Vergangenheit nicht nur auf ihren dokumentarischen und anregenden Aussagewert zu testen, sondern gleichzeitig wissenschaftlich zu erfassen.
Die Reihe der großen wissenschaftlichen Kataloge der Sammlungen des Bayerischen Nationalmuseums wird in den nächsten Jahren um mehrere gewichtige Bände wachsen. Wir freuen uns, mit dem Sammlungskatalog „Spiele", der zugleich eine kulturhistorische Studie zu diesem Zweig menschlichen Verhaltens ist, die seit vielen Jahrzehnten unterbrochene Tradition der wissenschaftlichen Veröffentlichung kleiner geschlossener Sammlungsbestände fortsetzen zu können.
Das Jahr der Olympischen Spiele in München war ein willkommener Anlaß, diese Abteilung des Museums gleichzeitig in einer Ausstellung — als heiter-leichtfüßige Variante im Kulturprogramm zu den großen Spielen — geschlossen zu zeigen. Der größere Teil der Objekte wird damit erstmals seit fast 35 Jahren wieder sichtbar sein.

Die Bearbeitung des Kataloges hat Herr Dr. Georg Himmelheber übernommen, dem auch Idee, Planung und Gestaltung der Ausstellung zu danken ist.Mit Dank darf ich außerdem am Schluß erwähnen, daß sich der Autor des Katalogs mancher Hilfe erfreuen durfte. Anregungen bei der Sichtung der Brettsteine verdankt er Herrn Direktor Dr. Harald Küthmann und Herrn Dr. Dirk Steinhilber von der Staatlichen Münzsammlung München, sowie Herrn Prof. Dr. Friedrich Wielandt vom Münzkabinett des Badischen Landesmuseums Karlsruhe. Beim Nachweis der Nürnberger Verleger halfen in zuvorkommender Weise Herr Archivdirektor Dr. G. Hirschmann sowie Herr Dr. W. Lehnert vom Staatsarchiv Nürnberg, bei heraldischen Fragen Herr Archivdirektor Dr. F. Blendinger vom Stadtarchiv Augsburg. Für Unterstützung der verschiedensten Art ist weiterhin zu danken Herrn Direktor Dr. Bürgemeister, Sächsische Landesbibliothek Dresden, Herrn Jan Piotr Grosse, LLM., Seminar für Slavische Philologie der Universität München, Herrn Dr. Detlef Hoffmann, Historisches Museum Frankfurt, Herrn Eugen von Philippovich, Kopenhagen, und Herrn Oberarchivdirektor Dr. Schattenhofer, Stadtarchiv München. Nicht nur geistige, sondern auch materielle Hilfe erhielten wir vom Otto Mayer-Verlag Ravensburg durch Herrn Erwin Glonegger. Die Materialuntersuchungen führte Frau Dr. Sigrid Schwarzmann von den Mineralogischen Staatssammlungen München, und Herr Dr. Dietrich Grosser vom Institut für Holzforschung der Universität München durch. Sämtliche Objekte wurden durch die Amtsfotografen des Museums, Frau Marianne Stöckmann und Herrn Walter Haberland, neu aufgenommen. Besonderer Dank gebührt auch Herrn Dr. Michael Meier und dem Deutschen Kunstverlag München, der dem Katalog „Spiele“ eine seiner Eigenart entsprechende Gestalt gegeben und die verlegerischen Arbeiten in kürzester Zeit durchgeführt hat.

HANS R. WEIHRAUCH

EINLEITUNG

Die Spiele aus der Sammlung des Bayerischen Nationalmuseums sind innerhalb eines Zeitraums entstanden, der mehr als ein Jahrtausend umfaßt. Schon in diesem zeitlichen Umfang liegt ein Wesensmerkmal dessen, was die hier zusammengefaßten Werke der Kleinkunst in den verschiedensten Materialien und Techniken ausreichend verbindet: die im Menschen zutiefst verwurzelte Anlage zum Spiel. Zu dieser überwältigenden Zeitspanne scheint der relativ geringe Umfang der Sammlung im Widerspruch zu stehen. Doch nur scheinbar. Denn auch dies ist eine Eigenschaft des Spiels: es vergeht. Es unterliegt der Laune, der Mode, es bedarf seiner keines Aufwands. Spielen kann man immer. Ein paar Striche im Sand, ein paar Steine oder auch die Finger genügen. Und doch ist manchmal Aufwand getrieben worden mit den Spielen. Kaiser und Fürsten haben gespielt, ihre Spielutensilien waren entsprechend prächtig gestaltet. Und diese vor allem sind es, die sich erhalten haben. Für jenen, der an der Geschichte dieses Spielens und an seinem kulturgeschichtlichen Umraum interessiert ist, mag aber ein einfaches Brett, wie dasjenige für das Würfelspiel (Kat. Nr. 351), das ein Zimmermann gefügt zu haben scheint, das mit derber Hand bemalt ist, so derb, daß es nicht exakt zu datieren ist, aufschlußreicher sein als das prächtigste Schachspiel aus den kostbarsten Materialien.
W. von zur Westen beklagt in seinem Aufsatz „Graphische Spieltafeln" („Zeitschrift für Bücherfreunde" 29. 1935, S. 121 ff), daß gedruckte Spielbogen in der sonst reichen Literatur über alle Anwendungsbereiche der Druckgraphik bisher keinerlei Beachtung gefunden haben. Daran hat sich seither kaum etwas geändert. Aber nicht nur für die Spielbogen trifft das zu, sondern für alle Arten der Spiele — mit Ausnahme vielleicht des Schachspiels. Gemessen aber an der überwältigenden Fülle von Literatur über Schach als Spiel, ist auch die Literatur über Schachspiele gering. Der Sammlung unseres Museums war kein besseres Los beschieden, von einzelnen Objekten abgesehen, die auf Grund ihres Materials schon in anderem Zusammenhang katalogisiert wurden.
Aufgenommen in diesen Katalog wurden nur Gesellschaftsspiele, also Spiele, die des Partners bedürfen. Darin scheint ein wichtiger Wesenszug des Spieles zu liegen, so wie es hier verstanden wird: die Chance von Gewinn oder Niederlage. Mit dem Weglassen aller Solo-Spiele — vom Solitair bis zu den Legespielen, den Puzzles, von denen das Museum eine große Zahl besitzt — war die Grenze zum Spielzeug eindeutig zu ziehen. Weggelassen wurden außerdem die Spielkarten, da für sie ein (wenn auch überholungsbedürftiger und längst vergriffener) Katalog von K. A. Bierdimpfl vorliegt (Die Sammlung der Spielkarten des baierischen Nationalmuseums. München 1884).

Die Anordnung des Katalogs folgt nicht dem üblichen Schema nach Materialien. Es schien sinnvoller, sachlich, also nach Spiel*arten* vorzugehen. In der Reihe unserer Kataloge gibt es schon einen Band, der nicht nach museumsökonomischen Gesichtspunkten angelegt ist: der Band X, der die Wittelsbacensia umfaßt, und der damit zu einem brauchbaren Hilfsbuch der bayrischen Geschichte geworden ist.

Es gibt im Grunde nur einige wenige Spielsysteme, die sich immer wiederholen, die nur mehr oder weniger variiert werden. In der „Hierarchie" stehen an der Spitze diejenigen Spiele, die vom Glück völlig unabhängig, nur vom Geist, vom Können und Willen der Spieler regiert werden. In der Literatur werden sie gewöhnlich als „Geschicklichkeitsspiele" bezeichnet, nicht ganz treffend, wie mir scheint, da doch „Geschicklichkeit" mehr „Fingerfertigkeit" beinhaltet. Das 18. Jahrhundert (aber auch noch das Meyersche Konversationslexikon von 1907) hatte dafür die schöne Bezeichnung „Kunstspiele", das frühe 19. Jahrhundert den treffenden Terminus „Verstandesspiele". Einer Anregung Wilhelm Deinerts folgend wurde hier die Bezeichnung „Taktische Spiele" gewählt, um einmal allen möglichen Mißverständnissen, die in den anderen Bezeichnungen versteckt sind, zu entgehen, zum andern weil in dem *τακτική τεχνή*, der Kunst des Aufstellens, in der ursprünglichen Wortbedeutung also, ebenso wie im heute gebräuchlichen Wortsinn am besten zum Ausdruck kommt, welche Art von Spielen hier gemeint ist. Nicht ganz unwesentlich war schließlich ein dritter Grund: ließen sich doch nun alle jene Spiele, für die Glück *und* Verstand zum Ziele führen, die also zwischen den taktischen Spielen und den Glücksspielen einzuordnen sind, und für die die bisherige Literatur nur den nichtssagenden Begriff der „gemischten Spiele" gefunden hatte, unter der Bezeichnung „Taktische Glücksspiele" sinnvoll zusammenfassen. Die mangelnde kunsthistorische Ordnung, die daraus folgen muß, und die nun selbst die Erzeugnisse einzelner Verlagshäuser auseinanderreißt, mag durch das Register einigermaßen ausgeglichen werden.

Der größere Teil der Sammlung gehört zum ältesten Bestand des Museums, d. h. er ist vor 1883 der Sammlung einverleibt worden. Der weitgehende Verlust aller Unterlagen aus dieser Zeit läßt es nur in den seltensten Fällen zu, Aussagen über die Herkunft dieser Objekte zu machen. Mindestens zehn Spiele stammen jedoch aus den Sammlungen der Wittelsbacher, eines gelangte nachweislich aus der Ambraser Sammlung nach München. Großen Zuwachs erhielten die Bestände durch den Ankauf der Spiele- und Spielzeugsammlungen des Justizrats Heberle in Passau (1927) und der Baronin Mantey-Dittmer in München (1929). Nicht wenige Objekte gelangten als Schenkung in das Museum, davon zwei von ungenannten Spendern.

GEORG HIMMELHEBER

TAKTISCHE SPIELE

SCHACH

Unter den Spielen nimmt Schach den ersten Rang ein. Als reines Denkspiel stellt es an die Spieler die größten geistigen Anforderungen. Nichts bleibt dem Zufall überlassen, die Figuren werden nur nach dem Willen der Spieler bewegt.

Schach ist ein Kampfspiel zwischen zwei Parteien. Am Spielausgang stehen sich beide Parteien auf einem Brett mit acht mal acht Feldern gegenüber. Jede Partei hat in der letzten Reihe des Brettes folgende Figuren: Turm, Springer, Läufer, Dame, König, Läufer, Springer und Turm, in der Reihe davor acht Bauern. Die schwarze Dame steht auf dem schwarzen, die weiße auf dem weißen Feld, alle Figuren stehen sich also genau gegenüber.

Gezogen wird entweder auf leere Felder oder auf ein mit einer gegnerischen Figur besetztes Feld; diese Figur wird damit geschlagen und scheidet aus. Der Turm zieht mit den Feldern parallel, der Läufer diagonal, die Dame sowohl parallel wie diagonal, der Springer ein Feld geradeaus und ein Feld diagonal, wobei er auch über Figuren springen kann. Der König kann nur ein Feld aber in jeder beliebigen Richtung ziehen. Der Bauer zieht nur ein Feld geradeaus und vorwärts, schlägt aber diagonal nach vorwärts. Gelangt ein Bauer in die letzte Reihe der gegnerischen Seite, wird er mit den Rechten der Dame ausgestattet. Zieht eine Figur so, daß sie beim nächsten Zug den gegnerischen König schlagen würde, ist der Spieler verpflichtet „Schach" zu bieten. Kann der gegnerische König sich dem Schach nicht mehr entziehen, ist das Spiel beendet.

Schach gehört zu den ältesten Spielen, die heute noch gebräuchlich sind. Entstanden ist es wohl in Indien, gelangte von da nach Persien und nach dessen Eroberung durch Omar I. (638—651) zu den Arabern. Seinen persischen Namen Schach = shah = König hat es bis heute beibehalten. Über die romanischen Länder, die in unmittelbarer kultureller oder politischer Beziehung mit den Arabern standen, fand das Schachspiel im 10. Jahrhundert seinen Weg ins Abendland.

Die Vorform des Spiels wurde in Indien von vier Personen gespielt. Auf jeder Seite des Bretts standen in den linken vier Feldern Turm, Springer, Läufer und König (mit ihren ursprünglichen Bezeichnungen Wagen, Pferd, Elefant und König), davor vier Bauern. Die Zusammenlegung je zweier Parteien erklärt die Duplizität der Figuren. Die beiden überzähligen Könige wurden zu Ministern, persisch „farzia" (= Wesir), erst im Abendland wurde daraus die Königin oder Dame. Ihre ursprüngliche Bezeichnung als Wesir erklärt ihre große Beweglichkeit, die allen anderen Figuren überlegen ist.

Das Viererschach wurde in anderer Form im letzten Drittel des 18. Jahrhunderts wieder erfunden. Für vier Parteien wird das Spielbrett kreuzförmig erweitert, so daß es insgesamt

160 oder 192 Felder hat. Jeweils zwei sich gegenübersitzende Spieler bilden eine Alliance. Dem klassischen Zweiparteienspiel gegenüber bietet das Viererschach jedoch keine neuen Aspekte, das Spiel wird im Gegenteil unbeweglich und schwerfällig, so daß sich das Viererschach nie durchgesetzt hat.

Die frühesten Schachfiguren waren abstrakt geformt. Arabische Steine des 8. und 9. Jahrhunderts, die sich erhalten haben, geben wohl diese Urformen wieder. In dieser Zeit gibt es aber auch schon reiche figürliche Beispiele, wie die Königsfigur im Pariser Cabinet des Médailles beweist, in deren stilistische Nachbarschaft Kat. Nr. 1 gehören muß. Bald richten sich die Schachfiguren nach ihrer Bezeichnung, Turm und Springer finden ihre mehr oder weniger naturalistische Form. In dem häufig vorkommenden Elefanten bei den Türmen mag eine Erinnerung an die ursprüngliche arabische Bezeichnung des Läufers als Elefant weiterleben. Der Läufer seinerseits hatte im Mittelalter auch die Bezeichnung „Bischof" — im Englischen heute noch — so daß hierfür Bischofsfiguren nicht selten sind. Auch als Hofnarr tritt der Läufer auf — die Bezeichnung „fou" hat sich im Französischen erhalten.

Die Herstellung der Schachfiguren gehörte bald zu den vornehmsten Aufgaben der Drechsler. In allen Lehrbüchern der Drechselkunst, bis ins 19. Jahrhundert, wird die Herstellung eines Schachspiels eingehend beschrieben. Ein Beispiel der besonderen Kunstfertigkeit aus der Spätzeit ist Katalog Nr. 27, das aus 266 Einzelteilen besteht, die mit kleinen und kleinsten Gewinden ineinandergeschraubt sind. Als Material diente vorwiegend Holz, aber auch Elfenbein und Bernstein. Auch Bildschnitzer, Goldschmiede und Steinschneider haben sich mit der Anfertigung von Schachfiguren befaßt; Neudörfer berichtet, daß der Nürnberger Eisenschneider Gottfried Leigebe (1630—1683) ein Schachspiel in Eisen gefertigt habe. (Siehe G. Lochner, Des Johann Neudörfer Nachrichten. Wien 1875, S. 200.) Auch der Herstellung der Schachbretter sind vom Material her keine Grenzen gesetzt. Halbedelsteine, Bernstein, Metall, Zellenschmelz und Elfenbein finden sich neben den Einlagen aus verschiedenen Hölzern bis hinunter zu Stroh und gedruckten Spielplänen auf Papier. Vielerorts — auch heute noch — gehörte die Anfertigung eines Schachbretts zu den Arbeiten für die Meisterprüfung des Schreiners (siehe: J. S. Halle, Werkstätte der heutigen Künste. Brandenburg 1764, 3. Bd. S. 63).

Die Mehrzahl der erhaltenen Schachbretter tritt jedoch in Verbindung mit anderen Spielbrettern auf, vorwiegend zusammen mit dem Mühle- und dem Puffplan. Derartige kastenförmige Spielkombinationen werden gewöhnlich als Ganzes als „Brettspiel" bezeichnet. Auf den quadratischen Außenfeldern befindet sich das Schachbrett, das auch für die Dame verwendet werden kann, sowie der Mühleplan, im Innern, aufgeklappt, der längsrechteckige Puffplan. Zusammengeklappt dient dieser Spielkasten zur Aufbewahrung der Figuren und Brettsteine.

Seit der Spätgotik bedient man sich zum Spielen auch eigener Tische, die, bei Nichtgebrauch, häufig zusammengeklappt als Wandtische weggestellt werden konnten. Für das Kartenspiel wird in späterer Zeit die Tischplatte mit Leder, Seide oder mit Filz bespannt. Schachpläne werden direkt in die Platte eingelegt, die Platte kann gedreht werden und zeigt dann auf der anderen Seite einen anderen Spielplan, der Puffplan schließlich kann sich innerhalb der Zarge befinden.

Wie es dem „königlichen Spiel" gebührt, haben sich stets die Meister des Kunsthandwerks um seine Herstellung bemüht.

1. Kat. Nr. 1

2. Kat. Nr. 1

ARABISCHE ARBEIT NACH INDISCHEM VORBILD, 8./9. JH.

1. SPRINGER MA 180

Ritter zu Pferd in Schuppenpanzer mit Rundschild am linken Arm. Glatte Sockelfläche mit gezahnter Kante.

Nashornbein. H. 5,3 cm. — Der ursprünglich eingesetzte Kopf und die rechte Hand fehlen. Ausbruch im Rücken. Linker Vorderfuß zwischen Huf und Fußgelenk ausgebrochen. Schwert und Zügel waren ursprünglich wohl aus Kupfer angedübelt.

Erworben 1864 aus Kunsthandel München.

Die Darstellung eines massigen Pferdes, bei aller Abbreviatur naturalistisch in den Einzelheiten (Augen, Maul, Gelenke) findet sich in gleicher Weise nur bei der Königsfigur aus dem sogenannten Spiel Karls des Großen (Paris, Cabinet des Médailles; zuletzt Wichmann Nr. 1—3). Auch Einzelheiten wie die merkwürdig klobigen Hufe, das gerippte Zaumzeug, der kleine rosettenartige Schild in Schulterhöhe und der diamantierte Sockelrand begegnen hier wie da. Der indische Ursprung der Pariser Figur ist deutlich. Aufgrund einer Inschrift und gewisser Abweichungen sieht man in ihr heute eine arabische Arbeit nach indischem Vorbild. In den engsten Zusammenhang zu dieser Königsfigur gehört der Springer des Bayerischen Nationalmuseums.

Literatur: BNM Kat. V, 180. — Kat. XIII, 4, Nr. 65. — Goldschmidt IV, 263.

DEUTSCHLAND, 14. JH.

2. LÄUFER MA 179

Ein Bischof zu Pferd, von zwei Mönchen flankiert, unten ein Kranz von vierzehn Armbrustschützen. Über ihnen vorne drei singende Mönche. Auf der Sockelplatte unten in gotischer Majuskel eingeritzt: WILLIGISVS.

Elfenbein. H. 13,2 cm. — Abgebrochen ein Kreuzbalken am Pedum und Gesicht des rechten singenden Mönchs.

3. Kat. Nr. 2

Erworben 1857 aus den Vereinigten Sammlungen; 1811 aus der Ambraser Sammlung übernommen.

Der Typus des von kleinen Armbrustschützen umgebenen Reiters begegnet bei Schachfiguren dieser Zeit häufig. Der zweite Läufer des gleichen Spiels befindet sich im Grünen Gewölbe Dresden, dort nachweisbar seit 1819 (Pommeranz-Liedtke, Abb. 11). Ein in den Maßen übereinstimmendes Exemplar im Bodemuseum Berlin (ehem. Deutsches Museum; Volbach S. 51, Nr. J 678) könnte ebenfalls zum gleichen Spiel gehört haben.

Literatur: Führer 1868, S. 73. — BNM Kat. V, Nr. 179. — BNM Kat. XIII, 4, Nr. 66. — Wichmann Nr. 64.

4. Kat. Nr. 3

SÜDDEUTSCHLAND,
1. HÄLFTE 16. JH.

3. TURM R 767

Auf einem Scheibensockel mit Randprofil steht ein Elefant mit erhobenem Rüssel, der auf dem Rücken einen Turm trägt.

Elfenbein. H. 6 cm.

Erworben 1857 aus den Vereinigten Sammlungen; aus der 1811 erworbenen Sammlung des Geistlichen Rats Mayr in Regensburg.

Das „fremdartige" Tier erscheint hier noch in einer Art der Darstellung, wie sie von Flugblättern des 15. und frühen 16. Jahrhunderts bekannt ist. Die schwerfällige Modellierung erinnert an die gleichzeitigen Springerfiguren (vgl. die folgenden Katalognummern).

Literatur: BNM Kat. XIII, 4, Nr. 305. — Liddell S. 159. — Lampe S. 38. — H. W. Hegemann, Elfenbein in Plastik, Schmuck und Gerät. Hanau o. J. Abb. 63.

DEUTSCHLAND, MITTE 16. JH.

4. KÖNIG R 221

Auf gedrehtem Sockel mit starkem Einzug bärtiger König in zeitgenössischer Tracht, auf einem Löwen reitend.

Buchsbaum. H. 6,9 cm. — Hut mehrfach ausgebrochen, rechter Fuß und zwei Zacken des Sockels abgebrochen.

Erworben 1864.

Der Löwe symbolisiert die Macht, die der König ausübt, indem er ihn reitet. Eine mittelalterliche Tradition findet hier im Schachspiel späten Niederschlag. Derartige Königsfiguren begegnen jedoch selten. Vgl. die wohl von der gleichen Hand gefertigten Figuren der folgenden Katalognummer und eine Königsfigur in der Sammlung Maunoury Paris (Wichmann Nr. 98).

Literatur: Wichmann Text zu Nr. 93 und 94.

5. Kat. Nr. 4

6. Kat. Nr. 5

7. Kat. Nr. 5

SÜDDEUTSCHLAND,
3. VIERTEL 16. JH.

5. FIGURENSATZ R 777—808

Besonders sorgfältig ausgearbeitete Figuren auf gedrehten Sockeln. Die Bauern als Landsknechte mit Schwertern, Gewehren, Trommeln und Pfeifen, alle anderen Figuren beritten. Die Könige reiten auf einem Löwen, die Damen im Damensitz, die Springer haben flache Mützen, die Türme — ebenfalls Reiter — mit hohen Hüten, die Läufer auf Eseln reitende Narren. Auf den Unterseiten der Sockel numeriert: zweimal 1 bis 8.

Buchsbaum, Eibe. H. 5,8—6,6 cm. — Kleinere Beschädigungen und Brüche.

Erworben vor 1883.

Der Figurensatz ist wohl identisch mit dem angeblichen Schachspiel von Albrecht Dürer, das van der Linde ausführlich beschreibt und das 1873 auf der Wiener Weltausstellung (Exposition des amateurs) zu sehen war. Ein Hinweis auf die Bezeichnung „Schachspiel Karl V.", die Hefner-Alteneck einführt und die Liddell übernommen hat, konnte nicht gefunden werden. Die Annahme, daß Dürer die Figuren entworfen habe, beruht wohl auf dem Vergleich mit ähnlichen Erfindungen Dürers, wie etwa die Landsknechte auf einem Entwurf zu einem Tischbrunnen in London (Winkler 233).

Ein ähnliches Spiel, doch wohl nicht vom gleichen Schnitzer, in der Sammlung Maunoury Paris (Wichmann Nr. 92 und 98), zwei verwandte Bauern befanden sich bis zum Krieg im Kestnermuseum Hannover (Inv. Nr. 506, 507). Eine Ausformung in Ludwigsburger Porzellan ist bekannt (Liddell S. 67).

Literatur: Hefner-Alteneck, Taf. 55. — Antonius van der Linde, Geschichte und Litteratur des Schachspiels. Berlin 1874, II, S. 318. — Gey, S. 11. — Liddell, S. 43 und 159. — Wichmann Nr. 93/94.

DEUTSCHLAND, 3. VIERTEL 16. JH.

6. LÄUFER NN 870

Gedrechseltes Figürchen mit durchlochtem Sockel und vasenförmigem Oberteil.

8. Kat. Nr. 6

Elfenbein. H. 5 cm. — Unten am Schaft gebrochen.

Auf bildlichen Darstellungen von Schachspielern des 15. und 16. Jahrhunderts finden sich zumeist gedrechselte Figuren, so daß man annehmen muß, daß die Mehrzahl der Figuren in dieser Form gehalten war. Ihrer größeren Kostbarkeit wegen haben sich jedoch in erster Linie geschnitzte Figuren erhalten.

DEUTSCHLAND (?), 2. HÄLFTE 16. JH.

7. FIGURENSATZ D 554

Gedrechselte Figuren, König, Dame, Läufer und Turm unten mit schuppigen Akanthusblättern belegt, die Springer mit kleinem Pferdekopf und Hals. Die eine Partei von der anderen unterschieden lediglich durch schwarze Gravierungen: Ringe, kleine Blättchen, Mähne bei den Springern.

9. Kat. Nr. 7

Walroßzahn. H. 3,7—8,8 cm. — Alle Türme mit ausgebrochenem Rand. Spitze des schwarzen Königs abgebrochen.

Erworben vor 1883.

DEUTSCHLAND, 2. HÄLFTE 16. JH.

8. TURM R 874

Kurzer Turm mit angedeutetem Mauerwerk aus einem Kronensockel hervorwachsend. Über den Zinnen laternenartiger Aufbau mit Knaufbekrönung.

Bronze. H. 5,5 cm.

Erworben vor 1883.

NÜRNBERG, UM 1570

9. BAUER 28/58

Stehender Landsknecht, die erhobene Rechte auf die Lanze gestützt.

Bronze, vergoldet. H. 5,5 cm. — Bruch im rechten Bein. Schwert am Heft abgebrochen. Degen ergänzt.

10. Kat. Nr. 8

11. Kat. Nr. 9

zücktem Schwert, die Türme (ganz aus vergoldetem Silber) haben ein übereck gestelltes zweites Stockwerk mit sieben bzw. acht kämpfenden Kriegern. Die Bauern Krieger mit Schilden und Schwertern, einer mit einem Rufhorn. Die Sockel aus vergoldetem Silber. — Schwarz: König mit Krone und langem Mantel, die Dame mit langem Haar, nur mit einem Röckchen bekleidet, die Läufer mit Fellen. Die Springer zu Pferd, die Türme auf Elefanten mit zwei bzw. drei Kriegern. Die Bauern Krieger mit Bogen, Äxten, einer mit einer Trommel. Die Sockel aus Silber.

Elfenbein, Ebenholz, Silber, teilweise vergoldet. H. 6—7 cm. — Zahlreiche Beschädigungen und alte Reparaturen.

Erworben 1863/64.

Literatur: BNM Kat. XIII, 4, Nr. 783—806. — Wichmann Nr. 100, 101.

Erworben 1928 aus Kunsthandel München.

Die außerordentliche Feinheit dieser Schachfigur läßt auf die Arbeit eines Goldschmieds oder Medailleurs schließen. Weitere Exemplare in der Skulpturenabteilung der Staatlichen Museen, Preußischer Kulturbesitz, Berlin (E. W. Braun, Kleinplastik der Renaissance. Stuttgart 1953, S. 48), im Germanischen Nationalmuseum Nürnberg, im Museum für Kunst und Gewerbe Hamburg (Pommeranz-Liedtke 14), ehem. in der Sammlung Emil Weinberger (Versteigerung Wawra, Wien 22.— 4. 10. 1929, Nr. 152). König und Dame des gleichen Spiels ehemals in den Städtischen Kunstsammlungen Augsburg, ein weiteres Exemplar der Dame ehem. in der Sammlung Miller v. Aichholz (Versteigerung Petit, Paris 18. 5. 1900, Nr. 228, Taf. nach S. 34).

Literatur: BNM Kat. XIII, 5, Nr. 39.

DEUTSCHLAND, 2. HÄLFTE 17. JH.

10. FIGURENSATZ R 2574—2605

Römer (weiß) gegen Karthager (schwarz). Weiß: König als Feldherr, Dame mit langem Mantel und Fächer, die Läufer mit Hellebarden. Die Springer Reiter mit ge-

12. Kat. Nr. 10

13, 14. Kat. Nr. 10

DEUTSCHLAND, 2. HÄLFTE 17. JH.

11. FIGURENSATZ R 2252—2283

Römer (weiß) gegen Karthager (schwarz). Weiß: König und Dame mit Krone und Szepter, die Läufer mit Thyrsos-Stäben und Löwenfell. Die Springer sind Reiter mit Schwert oder Lanze, die Türme zweistöckig mit ausladendem Dach. Die Bauern Krie-

15. Kat. Nr. 11
16. Kat. Nr. 12

ger mit Stock, Schwert, Bogen oder Rufhörnern. — Schwarz: König und Dame mit Krone und Szepter, Läufer mit kurzer Lanze und Fell. Die Springer unbewaffnete Reiter, die Türme auf Elefanten. Die Bauern Krieger mit Lanzen, Streitkolben, Bogen, Rufhörnern, einer mit Trommel. Auf den Unterseiten der Sockel numeriert.

Elfenbein, Palisander. H. 6—7,5 cm. — Der Trommler an den Füßen gebrochen.

Erworben vor 1883.

Literatur: BNM Kat. XIII, 4, Nr. 807—830. — Wichmann Nr. 100, 101.

DEUTSCHLAND (?), 17. JH.

12. FIGURENSATZ NN 1157

Gedrechselte Figuren, die Springer mit Pferdekopf und Hals. Die eine Partei rot gefärbt.

Elfenbein. H. 3,5—8,6 cm. — Mehrere Figuren gebrochen, dem weißen König fehlt die oberste Kugel, ein roter Turm unrichtig ergänzt.

RUSSLAND (?), 17. JH.

13. 18 FIGUREN R 2683—2700

Die Parteien unterscheiden sich nur durch hellere oder dunklere Färbung. Einfache

17. Kat. Nr. 13

gedrechselte Figuren, nur Läufer und Dame mit menschlichen Köpfen, die Springer mit schlanken Pferdeköpfen.

Bernstein. H. 5—7,5 cm. — Erhalten sind von der dunklen Partei: Dame, Läufer, Turm, fünf Bauern; von der hellen Partei: Dame, Läufer, zwei Springer, sechs Bauern. — Teilweise bestoßen, Kopf eines Läufers gebrochen. Die Dame der dunklen Partei spätere Ergänzung. — Zugehöriges Schachbrett Kat. Nr. 34.

Erworben 1866/67 aus den Vereinigten Sammlungen.

Die eigenwillige Form der Figuren (vor allem der Läufer und der Kopf der hellen Dame) erinnert an orientalische Vorbilder. Dieser Einfluß sowie die Verwendung des Bernsteins lassen an eine Entstehung in Rußland denken.

Literatur: Führer 1868, S. 261.

NIEDERLANDE, ENDE 17. JH.

14. FIGURENSATZ R 5285—5316

König und Läufer als römische Krieger, die Dame mit breitem Decolleté und modischer Frisur, die Springer mit Pferdeköpfen, sich verjüngende Türme mit zwei Zinnenkränzen und Mauerwerk mit Fenstern. Die Bauern gedrechselt mit Knospenbekrönung.

Ebenholz, Buchsbaum. H. 5—9,6 cm. — Zinnenkränze aller Türme sehr beschädigt, einem schwarzen Springer fehlt ein Ohr, die Spitze eines weißen Bauern abgebrochen.

Erworben 1863/64.

DEUTSCHLAND, ENDE 17. JH.

15. FIGURENSATZ

R 4374—4389, 4437—4452

König, Dame und Bauern sind in einfachen Formen gedrechselt, die Türme zweiteilig mit Mauerwerk, Schießscharten und Zinnen. Die Läufer als Büsten mit Akanthusvoluten am Armansatz, die Springer mit Pferdekopf, der Hals aus einer Akanthusvolute herauswachsend. Die Parteien unterscheiden sich durch das verschiedene Holz.

Spindelholz, Zwetschge. H. 5,7—8,5 cm. — Eine Zinne an einem dunklen Turm abgebrochen.

Erworben vor 1883.

18. Kat. Nr. 14

19. Kat. Nr. 15

Das hellgelbe Holz des Pfaffenkäppchens (Spindelholz) wurde für kleinere Drechselarbeiten häufig anstelle von Buchsbaumholz verwendet.

NIEDERLANDE, ENDE 17. JH.

16. KÖNIG 13/547

Vasenförmig gedrehtes Unterteil, Oberteil balusterförmig geschnitzt mit reichem Akanthus. Die Bekrönung kann abgenommen werden, die vier Teile des Balusters klappen dann nach unten und ein Narr mit entblößtem Gesäß wird sichtbar.

Buchsbaum. H. 17,5 cm.

Erworben 1913 als Legat von Major Ludwig Herrmann, München.

Beim „Schach matt" konnte der Verlierer den Sieger durch die Bedienung des Mechanismus dupieren.

Literatur: Wichmann Nr. 140a.

20, 21. Kat. Nr. 16

MEISSEN, 1740—1750,
JOHANN JOACHIM KAENDLER

17. FIGURENSATZ R 5622—5653

Die Figuren sind als Baluster ausgebildet, mit reliefierten Rocaillen, Blättern und Bandelwerk. König und Dame mit Kronen, die Läufer mit Botenläuferkappe, die Springer mit Pferdeköpfen, die Türme mit Zinnenkranz und hohem Kegeldach. Die eine Partei purpur, die andere grün staffiert und teilvergoldet. Auf fast allen Figuren die Schwertermarke.

Porzellan, bemalt. H. 5—9,5 cm. — Zugehörig das Schachbrett Kat. Nr. 36.

Erworben vor 1883.

Die Meissener Manufaktur hat mehrmals (1717, 1725/27, 1731, 1740 und 1760) Schachspiele angefertigt. Die Regencebaluster tragen einen strengen Dekor mit stehenden Blattformen und einfachem Bandelwerk, nur an den Springern und den Läufern treten sparsame Rocailleformen auf. So dürfte auf dieses Spiel Kaendlers Arbeitsbericht von 1740 zu beziehen sein, in dem er ein Schachbrett aufführt, allerdings ohne Figuren zu erwähnen. — Auch andere Fayence- und Porzellanmanufakturen haben Schachspiele hergestellt.

Literatur: BNM Kat. X, Nr. 153. — Gey, S. 10. — F. H. Hofmann, Das Porzellan der europäischen Manufakturen im 18. Jh. Berlin 1932, S. 442, Abb. 488. — Liddell S. 63 f und Tafel. — A. Kiefer, Das Schachspiel in Literatur und Kunst. München 1958, S. 233. — Wichmann Nr.

22. Kat. Nr. 17

23. Kat. Nr. 18

24. Kat. Nr. 19

134. — R. Rückert, Meissener Porzellan. Kat. Ausst. München 1966, Nr. 798.

SÜDDEUTSCHLAND, MITTE 18. JH.

18. FIGURENSATZ R 4194—4224

Auf kleinen Schälchen sind die Figuren montiert. Die Parteien weiß und rot. Die weißen Bauern aus Kugeln, die roten aus Vielflächnern zusammengefügt und mit kleinen Steinen besetzt. Die Springer Affen, die Läufer bei Rot Kutscher mit Peitsche und Bote mit Tasche, bei Weiß Bäuerinnen mit Fruchtkörben, die Türme balusterförmig. Der rote König bärtig mit einem Gefäß, der weiße mit phantastischem Kopfputz, Sichel und Stab. Die weiße Dame mit Ähren, Rechen und Sichel, die rote mit einer Lampe.

Achat, Amethyst, Granat, Jaspis, Karneol, Lapislazuli, Malachit, Opal, Smaragd, Turmalin, Topas, Türkis; Perlen, Perlmutter; Wachs. H. 4,2—7 cm. — Ein weißer Bauer fehlt, die Türme in ihrer jetzigen Form wohl nicht ursprünglich. Vielfach repariert, dabei manche Sockel vertauscht. - Zugehöriges Schachbrett Kat. Nr. 37.

Erworben 1857 aus den Sammlungen der Universität Erlangen.

Literatur: Führer 1868, S. 291. — Wichmann Nr. 96. — Lampe S. 26.

Das Zusammenfügen der verschiedenartigsten Materialien zu kleinen Figuren erinnert unmittelbar an Schmuck- und Kunstkammerstücke des 16. Jahrhunderts. Die ungeordnete und fast wahllose Zusammenstellung der einzelnen Steine oder Perlmutterscheiben, die dabei nicht durch ihre Form die ganze Figur bestimmen, sondern erst durch die Wachsmodellierung zur Figur werden, widerspricht jedoch der Technik des 16. Jahrhunderts in jeder Weise. Haltung,

Kostüm und Gesichtstypen verweisen außerdem diesen Figurensatz eindeutig in die Mitte des 18. Jahrhunderts.

DIEPPE, 3. VIERTEL 18. JH.

19. FIGURENSATZ 13/546

Die Figuren der beiden Parteien gleich, unterschieden nur durch die hohen gedrechselten Sockel, die bei der einen Partei rot bemalt sind. Relativ flache Figuren, als Kniestücke ausgebildet. König mit Schwert, Dame mit Szepter, beide mit Bügelkronen und prächtigen Gewändern. Die Läufer als Offiziere in zur Hälfte aufgeknöpftem Uniformrock mit Dreispitz (aus Stoff und Papier). Springer mit Pferdekopf und Hals in S-förmigem Schwung, Turm unten kelchförmig, die Bauern gedrechselt.

Bein, bemalt; Stoff, Papier. H. 4—8,5 cm. — Kopf der roten Königin gebrochen.

Erworben 1913 als Legat von Major Ludwig Herrmann, München.

Dieppe war im 18. und beginnenden 19. Jahrhundert ein Zentrum der Schachfigurenherstellung. Zahlreiche fast gleiche Spiele haben sich erhalten (vgl. Liddell S. 61 und 85; L'Illustration 95. 1937, Nr. 4944; Connaissance des Arts 1958, Nr. 77, S. 87; Wichmann 144; Graetz 26 und die folgenden Katalognummern).

Literatur: BNM Kat. XIII, 4, Nr. 595. — Liddell S. 159. — Lampe S. 53.

DIEPPE, 3. VIERTEL 18. JH.

20. SECHS FIGUREN

R 4227, 4228, 4230—4233

Der vorigen Katalognummer eng verwandt. Die Sockel der einen Partei waren ebenfalls rot bemalt. Vorhanden von der roten Partei: König, Dame, beide Läufer; von der weißen: beide Läufer.

Bein, bemalt; Papier. H. 7,5—8 cm.

Erworben vor 1883.

Literatur: BNM Kat. XIII, 4, Nr. 596—598.

25, 26. Kat. Nr. 23

DIEPPE, 3. VIERTEL 18. JH.

21. DREI FIGUREN R 4226, 4229, 4237

Den vorigen Katalognummern eng verwandt. Vorhanden von der weißen Partei der König, von der roten die Dame und ein Läufer.

Bein, bemalt; Papier. H. 7,5—8 cm.

Erworben vor 1883.

Literatur: BNM Kat. XIII, 4, Nr. 599—601.

DIEPPE, 3. VIERTEL 18. JH.

22. LÄUFER R 4234

Den vorigen Katalognummern eng verwandt. Offizier, die Linke in den geöffneten Uniformrock geschoben.

Bein mit Resten von Bemalung. H. 4,3 cm. — Die Säume waren vergoldet, Augen und Lippen rot. Sockel und Dreispitz ergänzt.

Erworben vor 1883.

DIEPPE, 3. VIERTEL 18. JH.

23. ZWEI LÄUFER R 4235, 4236

Den vorigen Katalognummern eng verwandt. Offiziere mit offenem Uniformrock, die eine Hand am Griff des Degens.

Bein mit Resten von Bemalung. H. 2,7—2,8 cm. Sockel und Kopfbedeckung ergänzt.

Erworben vor 1883.

27. Kat. Nr. 20

28. Kat. Nr. 21

NIEDERLANDE, UM 1760

24. LÄUFER 13/548

Über einem einfachen gedrechselten Fuß erwächst aus einem Rocaillensockel die Büste eines Ratsherrn in gefälteltem Mantel mit gepufften Ärmeln, mit hohem Hut und Zopf. In der Rechten hält er einen Zettel.

Buchsbaum. H. 12,2 cm.

Erworben 1913 als Legat von Major Ludwig Herrmann, München.

Eine verwandte, ebenfalls niederländische Figur abgebildet bei Graetz S. 52.

Literatur: Wichmann Nr. 140 b.

BAYERN, UM 1790

25. FIGURENSATZ R 9334—9364a

Gedrechselte Figuren, die eine Partei schwarz gebeizt. Schlanke Türme, die übrigen Figuren auf leuchterartigen Sockeln. Die Springer mit Pferdekopf, die Läufer als Soldaten mit hohem Helm, der König in Harnisch, die Dame in tief decolletiertem Kleid, beide mit goldenen Kronen.

29. Kat. Nr. 24

30. Kat. Nr. 25

gegenüber: 31. Kat. Nr. 26
32. Kat. Nr. 28
33. Kat. Nr. 27

Bein. H. 3,5—7,5 cm. — Ein Springer spätere Zutat. Zahlreiche kleinere Ergänzungen und Brüche.

Erworben 1902 aus Kunsthandel München.

Literatur: BNM Kat. XIII, 4, Nr. 622—29. — Liddell S. 159.

BERCHTESGADEN, ANFANG 19. JH.

26. FIGURENSATZ R 4390—4420a

Beide Parteien formal gleich, die eine mit roten Sockeln und überwiegend roten Gewändern, die andere entsprechend in Blau. König mit wallendem Mantel, Dame mit Wespentaille und ausgestelltem Rock, Springer als Husar mit aufgebäumtem Pferd, Läufer mit kurzem Rock und Stab, Turm Elefant mit turmartiger Sänfte. Die Vorderbeine der Pferde und die Rüssel der Elefanten sind aus Nägeln gefertigt.

Lindenholz, Eisennägel, gefaßt. H. 4—5 cm. — Ein roter Springer gebrochen, ein blauer Läufer ergänzt. — Zugehörig das Schachbrett Kat. Nr. 39.

Erworben 1863/64.

Das Puppenhafte der Figürchen, die flott und sicher gesetzten Schnitte und die lebhafte Farbigkeit sind bezeichnend für die Berchtesgadener Schnitzarbeiten. Wie bei aller Volkskunst halten sich gleichbleibende Typen über lange Zeiträume hinweg.

Literatur: Liddell S. 159. — Vgl. ferner: M. Bachmann/R. Langner, Berchtesgadener Volkskunst. Leipzig 1957.

MÜNCHEN, ANTON EDEL, UM 1835

27. FIGURENSATZ R 6609—6640

Die eine Partei dunkelbraun gebeizt. Abstrakt gedrechselte und geschnitzte Figuren, aus insgesamt 266 Teilen zusammengeschraubt, von besonderer Feinheit. Die Türme werden von einem Tempietto bekrönt, die Springer mit Pferdeköpfen. Einzelne weiß gebliebene Teile bei den braunen Läufern und Türmen.

Elfenbein. H. 6,2—8,6 cm. — Ein brauner Bauer beschädigt. — Zugehöriger Kasten mit Schachbrett Kat. Nr. 41.

Erworben 1863/64.

Anton Edel (1810—1870) war der Sohn eines Drechslermeisters. 1835 heiratete er die Tochter des Schachtelmachers Josef Forchheimer, der zugunsten seines Schwiegersohns auf seine Schachtelmacherskonzession verzichtete. Vermutlich im

34. Kat. Nr. 29

gleichen Jahr hat er seine Meisterprüfung abgelegt. Möglicherweise handelte es sich bei diesem (nie gebrauchten!) Figurensatz um sein Meisterstück. 1844 stellte Edel auf der Gewerbeausstellung in München eine Reihe von Drechselarbeiten aus Hirschhorn aus. 1852 erweiterte er seine Werkstatt zu einer Spielwarenfabrik, gleichzeitig wurde er Gemeindebevollmächtigter und Mitglied des Fabrikrats in München. 1858 wurde er Magistratsrat. — In der ersten Hälfte des 19. Jahrhunderts setzten die Drechslermeister ihren Ehrgeiz darein, immer zierlichere und gebrechlichere Figuren herzustellen. Vgl. derartige Figuren bei Wichmann Nr. 159 und ein ähnlicher Satz in Silber Nr. 126 (irrtümlich ins 18. Jahrhundert datiert). Den Edelschen Figuren verwandt ist ein Reiseschach im Germanischen Nationalmuseum Nürnberg (Wichmann Nr. 161). Siehe auch die folgende Katalognummer.

Literatur: Lampe S. 58.

MÜNCHEN, ANTON EDEL,
UM 1835/40

28. 26 FIGUREN D 590

Sehr fein gedrechselte Figuren auf durchbrochenem, oben gelapptem Sockel. König und Dame mit durchbrochenen Körbchen in drei bzw. zwei Etagen. Die Springer mit Pferdekopf, die Türme mit aufgesetztem Tempietto. Die Sockel und die Tempelchen mit feinen Gewinden zusammengeschraubt.

Elfenbein, Ebenholz. H. 5,5—9,3 cm. — Von der schwarzen Partei fehlen zwei Bauern, einem fehlt der Sockel, einem Turm der Tempietto. Von der weißen Partei fehlen die Türme und ein Springer. Kleinere Teile abgebrochen.

Erworben vor 1883.

Die Figuren sind denen der vorigen Nummer in Form und Technik so verwandt, daß auch für ihre Herstellung Edels Hand in Anspruch genommen werden darf.

DEUTSCHLAND, UM 1840/50

29. FIGURENSATZ R 5252—5283

Zierliche gegossene Metallfigürchen. Flache Rundsockel mit diamantierter Schräge und teils gegossenen, teils gravierten Rokokoornamenten. Gedrehte Stengel, daran jeweils zwei Rosetten und das Kennzeichen der Figur. Bauer: männliche Büste. Turm: Granatapfel mit Schwert. Springer: Pferde-

35. Kat. Nr. 30
36. Kat. Nr. 31
37. Kat. Nr. 32

38. Kat. Nr. 33

kopf. Läufer: Helm mit Helmzier. Dame und König bestehen aus fünf „Früchten", der König hat eine Krone mit je acht blauen bzw. roten Steinen.

Silber und Messing. H. 4,2—7,4 cm.
Erworben vor 1883.

HAMBURG, UM 1925

30. FIGURENSATZ NN 1198—1229
Gedrechselte Figuren in sehr scharfen, an Industrieprodukte oder Maschinenteile erinnernden Formen.

Birke, eine Partei schwarz gebeizt, lackiert. H. 4,3—8,6 cm.

HAMBURG, UM 1925

31. FIGURENSATZ NN 1230—1261
Gedrechselte Figuren auf glockenförmigen Sockeln, die Bauern mit kleinen Knäufen, Dame und König in ausdrucksvoll schwingenden Formen profiliert.

Birke, eine Partei schwarz gebeizt, lackiert. H. 5,3—9,2 cm.

39. Kat. Nr. 35

40. Kat. Nr. 38

SCHACHBRETTER

DEUTSCHLAND (?),
1. VIERTEL 16. JH.

32. KASTEN R 4421

Einfacher Kasten, auf der Ober- und Unterseite jeweils ein zur Hälfte aufgemaltes Schachbrett in Rot und Schwarz. Innen zweiunddreißig Fächer zur Aufbewahrung der Figuren.

Pappel, Papier, bemalt. 20 x 9,8 x 6 cm. — Zerkratzt, Verschluß fehlt. Papier im Deckel ausgerissen.

Erworben zwischen 1856 und 1867.

AUGSBURG, UM 1600

33. KASTEN R 986

Flacher Kasten mit profilierten Kanten auf Eckfüßen. Die weißen Felder des Schachplans in Elfenbein mit gravierten Tieren. Schublade für die Figuren, auf der Bodenunterseite Mühle. Oberseite rechts Augsburger Eben-Stempel. In der Schublade einzelne Fächer für die Figuren mit Beschriftung in altpolnisch.

Ebenholz, Elfenbein, Innenteile Kirschbaum, Blindholz Tanne. 35,5 x 35,5 x 8,3 cm.

Erworben 1866/67 aus den Vereinigten Sammlungen. Zuletzt Schloß Bamberg. Möglicherweise durch Theresia Kunigunde von Polen, die Gemahlin Max Emanuels von Bayern, nach München gelangt.

RUSSLAND (?), 17. JH.

34. BRETT R 2682

Die Felder wechselnd aus hellerem und grün untermaltem dunkleren Bernstein. Rand mit Tauornament. Die Unterseite mit zwei Zahnleisten, beklebt mit Marmorpapier.

Bernstein auf Eichenholz. 37 x 37 cm. — Zahlreiche Felder und Randstücke ergänzt. — Zugehörige Figuren Kat. Nr. 13 und Brettsteine Kat. Nr. 77.

41. Kat. Nr. 39

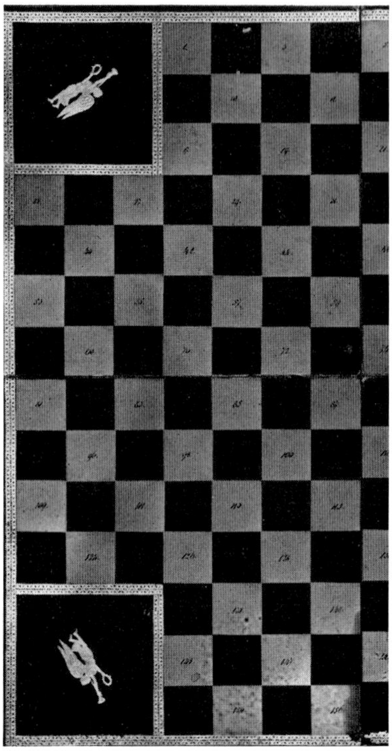

42. Kat. Nr. 40

Erworben 1866/67 aus den Vereinigten Sammlungen.

Literatur: Führer 1868, S. 261.

DEUTSCHLAND, UM 1700

35. KASTEN R 3366

Schlichter Kasten, an den Kanten und auf der Unterseite eingelegte Adern. Die Felder des Schachplans auf der Oberseite in schwarzem und weißem Elfenbein. Innen mit blauem Stoff mit Goldlahn ausgeschlagen.

Mahagoni furniert, Elfenbein. 43,5 x 43,5 x 12,5 cm. — Furnier mit einzelnen Ausbesserungen.

Erworben 1881 mit der Sammlung des Jesuitenpaters Ferdinand Orban, Ingolstadt.

MEISSEN, UM 1740/50,
JOHANN JOACHIM KAENDLER

36. BRETT R 5621

Aufgebogener Rand mit Zungenband und Rankenbordüre in Goldmalerei. Die Ausgangsfelder mit farbigen Darstellungen von Türken, entsprechend den Figuren: Türme auf Elefanten in den Ecken, Springer und Läufer als berittene Krieger, schließlich der Sultan und seine Gemahlin. Die Felder wechselnd grün und purpur mit ornamentaler Binnenzeichnung. — Auf der Unterseite Schwertermarke.

Porzellan, bemalt. 33 x 33,1 cm. — Zugehöriger Figurensatz Kat. Nr. 17.

Erworben vor 1883.

Literatur: siehe Kat. Nr. 17.

SÜDDEUTSCHLAND, MITTE 18. JH.

37. BRETT R 4225

Auf eine Solnhofer Platte ist der Schachplan mit schwarzen und weißen Feldern montiert, gerahmt von einem grünen und einem braunen Streifen. Der äußere Rahmen mit abfallendem Profil.

Kalkstein, Marmor. 34 x 34 cm. Kleinere Ausbrüche im Rahmen. — Zugehörig der Figurensatz Kat. Nr. 18.

Erworben 1857 aus den Sammlungen der Universität Erlangen.

Literatur: Führer 1868, S. 291.

DEUTSCHLAND, 18. JH.

38. KLAPPBRETT R 5284

In der Mitte zusammenzuklappen. Die Außenseiten von einer doppelten Ader und querfurniertem Randstreifen gerahmt, ebenso das Schachbrett, das außerdem von einem flachen Randstab eingefaßt wird.

Nußbaum, Eiche und Kirschbaum, furniert auf Eiche. 37,8 x 18,7 cm.

Erworben zwischen 1856 und 1867.

BERCHTESGADEN, ANFANG 19. JH.

39. BRETT R 5251

Die Felder jeweils aus vier Dreiecken zusammengesetzt, in der Mitte jeweils ein Punkt.

Stroh auf Karton. 23,5 x 23,5 cm. — Zugehörig der Figurensatz Kat. Nr. 26.

Erworben 1868.

Die Dekorierung von Kästchen, Tabatièren und anderen kleinen Gegenständen mit Strohornamenten wurde vielerorts geübt. Für Bayern ist Berchtesgaden ein Zentrum gewesen. (Vgl. J. M. Ritz, Datierte Volkskunst. In: Bayerisches Jahrbuch für Volkskunde 1959, S. 162 ff mit weiteren Literaturhinweisen.)

DEUTSCHLAND, UM 1820

40 VIERERSCHACHPLAN NN 780

Vierfach zusammenlegbares Spielbrett, außen mit Holzmaserpapier, innen mit grünen und blauen Feldern beklebt. In den Ecken Quadrate mit fliegenden Genien aus Goldpapier. Gestanzter Goldpapierrand. Die Felder handschriftlich numeriert von 1—160.

Papier. 64 x 64 cm. — Leicht bestoßen.

MÜNCHEN, ANTON EDEL, UM 1835

41. KASTEN R 6608

Einfacher Kasten mit Kugelfüßen und flachem Deckel, darauf der Schachplan mit schmaler Rahmung, darin schwarze Ader. Innen Einteilung für die Figuren, mit grünem Samt ausgeschlagen.

Buchsbaum, Birnbaum, Mahagoni, furniert auf Tanne; Samt. 36 x 36 x 9 cm. — Kleinere Ergänzungen im Furnier. — Zugehöriger Figurensatz Kat. Nr. 27.

Erworben 1863/64.

BRETTSPIELE

Unter Brettspielen versteht man aufklappbare Kästen, die drei Spielpläne in sich vereinen und gleichzeitig zur Aufbewahrung der Figuren oder Steine dienen. Die Anordnung ist zumeist so, daß sich auf den Außenseiten der Schach- und Mühleplan, im Innern der Trick-Trackplan befindet. Manchmal ist die Mühle durch ein anderes Spiel ersetzt, oder die Unterseite des Kastens bleibt ganz ohne Spielplan.

Die Verbindung dieser drei — eigentlich vier Spiele, weil das Damespiel auf dem Schachbrett gespielt wird — ist schon sehr alt. Das früheste bekannte Brettspiel stammt aus dem Ende des 13. Jahrhunderts. Es wurde 1852 als Reliquienbehälter in der Mensa des Valentinsaltars der Stiftskirche zu Aschaffenburg gefunden (Inv. Bayern III, 19, S. 105 f). Der Gebrauch derartiger Brettspiele ist aber mindestens ein Jahrhundert älter, wie Darstellungen auf Miniaturen beweisen. In der Münchner Handschrift der Carmina Burana (Clm. 4660) aus der Zeit um 1225 findet sich die Darstellung von zwei Trick-Trackspielern an einem Brett, das deutlich als zusammenklappbar dargestellt ist. Daß die Verbindung von Schachplan und Trick-Track-Plan auch schon im Ursprungsland beider Spiele bestand, beweist das indische Brettspiel der Katalognummer 46.

DAME UND MÜHLE

Die *Dame* wird auf dem Schachbrett gespielt. Im Gegensatz zum Schach — das damit unter allen Brettspielen herausragt — hat jede Partei nur unter sich gleichrangige Figuren, ausgebildet als flache Scheiben, die Brettsteine.

Jede Partei hat zwölf Brettsteine, die in drei Reihen auf die schwarzen Felder gesetzt werden. Die Steine ziehen jeweils um ein Feld in der Diagonalen vorwärts. Ist das Feld hinter einem gegnerischen Stein frei, so kann er durch den vor ihm stehenden Stein geschlagen werden. Gelangt ein Stein in die letzte Reihe der gegnerischen Seite, wird er zur „Dame", die das Recht hat, über mehrere Felder vorwärts und rückwärts zu ziehen und zu schlagen.

Die *Mühle* hat ihren eigenen Spielplan. Jeder Spieler hat neun Brettsteine zur Verfügung, die Zug um Zug gesetzt werden. Sind alle Steine gesetzt, wird auf den Linien von einem Eck- oder Kreuzungspunkt zum andern gezogen. Drei Steine einer Partei in einer Geraden bilden eine „Mühle". Mit dem Schließen der Mühle darf dem Gegner ein Stein genommen werden.

Die Herkunft und das Alter beider Spiele sind ebenso unbekannt wie ihr Name. Die Legende berichtet, Palamedes habe das Damespiel während der Belagerung von Troja erfunden, um die unglücklichen in der Stadt eingeschlossenen Damen zu unterhalten. Nach anderen sei das Spiel so leicht zu erlernen, daß es selbst die von der Natur mit nicht so viel Intelligenz ausgestatteten Damen beherrschen könnten. Johann Koch (Das Damenspiel, auf feste Regeln gebracht. Magdeburg 1811) glaubt den Namen von Damm herleiten zu können, weil der Spieler versuchen muß, mit seinen Steinen einen unüberwindlichen Damm zu bilden. Tatsächlich ist in der deutschen Literatur des 18. Jahrhunderts zumeist vom Dammspiel die Rede. Van der Linde (Geschichte und Litteratur des Schachspiels. Berlin 1874), der die Entstehung der Dame aus dem Schach abzuleiten versucht, erklärt den Namen mit der Regel des Schachspiels, bei der ein — wie beim Damespiel — in die letzte Reihe des Gegners gelangter Bauer zur Dame wird.

Die frühesten erhaltenen Brettspiele haben den Mühleplan und das Brett mit 64 Feldern. Dies muß jedoch nicht mit Sicherheit bedeuten, daß darauf auch die Dame gespielt wurde. Gustav Schlegel (Chinesische Bräuche und Spiele in Europa. Diss. phil. Jena 1869) sieht den Ursprung in China. Aber auch er kann nur von Legenden berichten. Auffallend ist, daß die erhaltenen mittelalterlichen Spielcodices das Damespiel nicht erwähnen. Die große Zahl erhaltener Brettsteine aus dem hohen Mittelalter läßt jedoch darauf schließen, daß mit ihnen nicht nur Mühle gespielt wurde, zumal für die Mühle die flache Form nicht erforderlich ist. Die ältesten bekannten Spielanleitungen sind 1547, 1590 und 1597 in Spanien erschienen. Dies möchte auf eine arabische Überlieferung schließen lassen.

Das Mühlespiel war in der Antike bekannt. Vermutlich ist aber auch sein Ursprung wesentlich älter.

43. Kat. Nr. 42

VENEDIG, 15. JH.

42. SCHACH, TRICK-TRACK

MA 2524

Rechteckiger Rahmen, in der Mitte zusammenklappbar, die Spielpläne auf der vertieften Füllung. Alle Flächen sind überzogen mit geometrischen Ornamenten aus Elfenbein, teilweise grün gefärbt, und Palisander. Die innerste Rahmung auf beiden Seiten Ebenholz. Einfach ziselierte Messingscharniere, Hakenverschluß aus Silber.

Elfenbein, Ebenholz, Palisander. 18 x 12 cm. — Größere Ergänzungen im Elfenbein der Kante. Schwarze Masse um die Scharniere ausgebrochen.

Erworben vor 1883.

Mehrere Brettspiele in der sogenannten „Certosiner“ Technik sind bekannt, die sich mit einer Gruppe von ähnlich verzierten Gebrauchsgeräten, kirchlichem Gerät und Altarretabeln verbinden. Eines der schönsten Brettspiele dieser Gruppe befindet sich im Museo Nazionale Florenz (Coll. Carand Nr. 155, siehe Wichmann Nr. 80). Die mit Reliefs versehenen Objekte der Gruppe werden der venezianischen Bildschnitzerfamilie der Embriachi zugeschrieben. (Vgl. Schlosser im Jahrbuch des ah. Kaiserhauses 20. 1899, S. 220 ff.)

SÜDDEUTSCHLAND, UM 1500

43. SCHACH (?), MÜHLE, TRICK-TRACK MA 2993

Quadratischer Kasten, die Spielfelder vertiefte Füllungen. Auf den Rahmen der Außenseiten je 20 Wappen mit Beischriften in Fraktur. Schachseite: „Freystat, Linburg, Rossenberg, Erfurt, Rom, Hamburg, pfaltz, panen, Reineck, papenhaim, Nirnberg, Wien, schweinitz, Meissen, Schwodelburg, Rotenburg, waldsperg, Strubenek, dortrecht, augspurckh“. Mühlenseite: „ungern, warchern, Regenspurc Co(n)stantz, Wockburg, Klano, Bairlandt, Aich, Cleue, mon-

44. Kat. Nr. 43

45, 46. Kat. Nr. 43

burg, Marsillia, Malcaw, porteaw, geuern, Juttburg, Boln". Der Schachplan mit 36 Feldern rot und weiß. Der Mühleplan schwarz auf weiß in einem Kreis mit Umschrift in Fraktur: „Glück kom her. Mein Beutel ist ler. gantz Centner Schwer. Dein ich beger. Anno 1603". Die Trick-Track Spitzen blau und rot auf goldenem Grund mit feinen roten Ranken. Die Rahmen mit Figuren und Spruchbändern in vertieftem Relief. Ein Liebespaar: „Das thu ich alle tag 1603"; ein Falkner: „Das thu ich so offt ich mag 1603"; ein junger Mönch: „ich gedenck das ichs auch pflag 1603"; ein alter

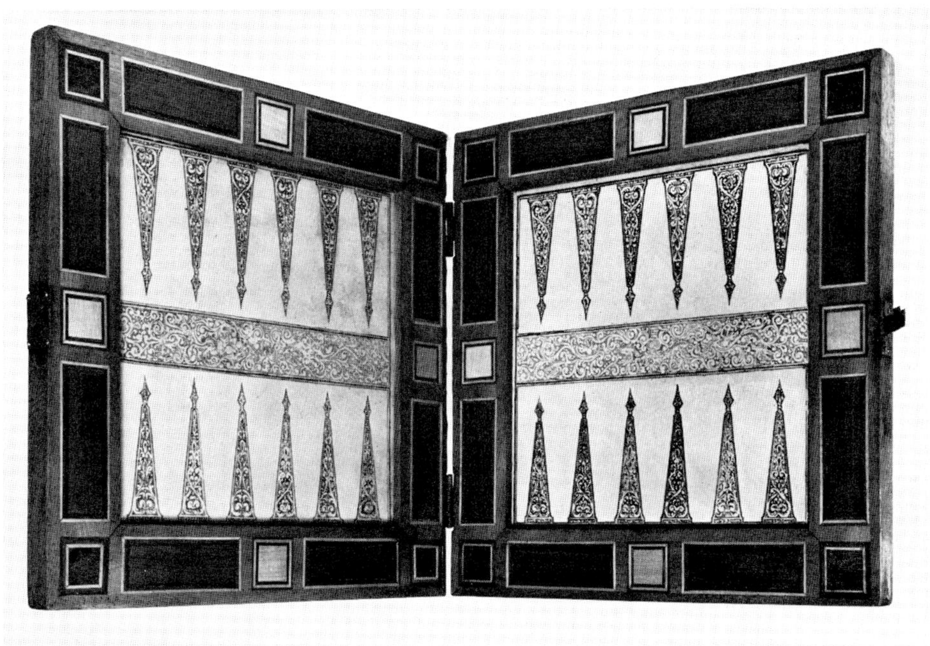

47. Kat. Nr. 44

Mann: „ho ho thutt mans noch 1603“; ein Jäger: „Das wild jag ich gar hertzlich gern“; eine Dame: „O lieber Jäger ich steh gar gern 1603“; je zwei Hunde: „Rr Rr“. In den Ecken der einen Hälfte je ein männlicher Kopf mit den modischen Kopfbedeckungen der Zeit, in denen der anderen Hälfte zwei Wappen: steigender Hund und ein Hahn, die entsprechenden Helmzieren oben.

Lindenholz, gefaßt. 35 x 35 x 5,9 cm. — Bemalung 1603, im 19. Jahrhundert übergangen. Drei ergänzte Ausbrüche am Rand.

Erworben 1863 aus Kunsthandel Nürnberg. Ehem. Besitz von Graf Walpott von Bassenheim, München.

Stil und Tracht verweisen eindeutig in die Zeit um 1500. Das Datum 1603 bezieht sich auf die reizvolle Neufassung. Ungeklärt ist, wieso das Schachbrett nur 36 Felder hat. Wie Freilegungsproben ergaben, hat auch die erste Fassung die gleiche Einteilung.

Literatur: C. Becker und J. H. von Hefner-Alteneck, Kunstwerke und Gerätschaften des Mittelalters und der Renaissance. Frankfurt 1857, Bd. II, Taf. 45. — Führer 1868, S. 130. — J. H. von Hefner-Alteneck, Trachten, Kunstwerke und Gerätschaften vom frühen Mittelalter bis Ende des 18. Jahrhunderts. Frankfurt 1885, Bd. 6, Taf. 384. — RDK II, Sp. 1156. — E. Glonnegger, Schöne alte Spiele. Ravensburg 1963. — E. v. Philippovich, Spielbretter. In: Die Brücke 1967, Nr. 29, S. 32 ff.

NIEDERBAYERN, UM 1560/70

44. SCHACH, MÜHLE, TRICK-TRACK R 89

Einfache Rahmung in Felder unterteilt. Spielfläche aus Stein mit geätzten Sternmotiven, Mauresken und Grottesken. Die Tiefen mit roter, grüner und schwarzer Farbe ausgelegt. Eisernes Schloß.

Nußbaum, Kirschbaum, Solnhofer Stein, geätzt und gefaßt. 39 x 39 x 5,7 cm. — Beide Steintafeln mehrmals gesprungen, aus dem Schachplan zwei Stücke ausgebrochen und ergänzt. Ergänzungen am Rahmen.

Erworben zwischen 1856 und 1867.

Steinätzungen in Solnhofener Stein sind vor allem in Niederbayern und Oberösterreich seit etwa 1500 bis ins 19. Jahrhundert gefertigt worden. Ähnliche Ornamentformen finden sich bei den ebenfalls geätzten Harnischen der Zeit.

SÜDDEUTSCHLAND, UM 1560—1580

45. SCHACH, MÜHLE, TRICK-TRACK R 201

Die Spielfelder sind die Füllungen in den einfachen Rahmen des schlichten Kastens. Alle Flächen überzogen mit reichen Einlagen, außen vorwiegend Horn mit wenig Perlmutter und Messing, innen vorwiegend Perlmutter. Die Rahmungen in Bein, nur die punktartigen Früchte in Elfenbein. Die Spielfelder von Schach und Trick-Track wechselnd weiß und grün. Zeichnung in Schwarz graviert. Dargestellt sind nach Stichvorlagen Heinrich Aldegrevers, Jost Ammanns, Hans Sebald Behams, Georg Pencz' und Virgil Solis' Szenen aus dem Leben Sauls und Davids, Kreuzigung und Auferstehung Christi, Parisurteil, Entführung der Helena, Aktäon und Diana sowie Jagdszenen und Trophäen. Auf den Schachfeldern Blüten, Tiere, Büsten und Szenen der „verkehrten Welt". Im Innern bezeichnet: „F W".

Birnbaum, Horn, Bein, Perlmutter, Elfenbein, Messing; Scharniere Eisen verzinnt. 35,5 mal 35,5 mal 7,2 cm. — Kleinere Ergänzungen an den Ecken.

Erworben 1865 aus den Vereinigten Sammlungen.

Ein sehr ähnliches, vom gleichen Meister stammendes Brettspiel (am 5. 5. 1938 als Nr. 86 bei Sotheby versteigert) trägt das Monogramm D. W. Das Spiel des Bayerischen Nationalmuseums ist traditionell mit dem Namen des Kurfürsten Ottheinrich verbunden, für den der Formschneider Dietrich Winhart tätig war. Ob das Monogramm in „Dietrich Winhart" (beim Brettspiel des Bayerischen Nationalmuseums dann: „Fecit Winhart") aufgelöst werden kann, muß allerdings dahingestellt bleiben.

Literatur: Führer 1868, S. 215 f. — Hefner-Alteneck Taf. 66 und 99. — BNM Kat. XI, Nr. 315. — H. R. Murray, A History of Chess. Oxford 1913, S. 757. — RDK II, Sp. 1161. — Kunst und Kunsthandwerk. München 1955, Nr. 96. — Wichmann Nr. 95. — E. v. Philippovich, Spielbretter. In: Die Brücke 1967, Nr. 29, S. 34.

48. Kat. Nr. 45.

Gegenüber: 49—52. Kat. Nr. 45

49

50

51

52

53, 54.
Kat. Nr. 46

INDIEN, VOR 1571

46. SCHACH, TRICK-TRACK R 1099

Die Schachfelder wechselnd aus Perlmutter und Schildpatt mit breitem geschuppten Rahmen. Auf der Gegenseite zwei halblange Stäbe. Anstelle der beim Trick-Track sonst üblichen Spitzen befinden sich hier halbrunde Ausbuchtungen im Rand. Die Fläche vollständig mit Ranken überzogen, darin Tiere, Jäger, ein Thron, dem sich Diener mit Gefäßen nähern, Reiter etc. In den Stäben eingelassen zwei kleine quadratische Eglomisé-Scheiben mit dem Wappen der Reichsgrafen von Tenczin (Siebmacher VII, 2, Taf. 10) und der Beischrift: „I.C.A.T. C.V." sowie der Jahreszahl 1571.

Perlmutter und Schildpatt in Harz gebettet auf Holz. 51 x 50,2 cm. — Einige Fehlstellen. Die Malerei an einem der Eglomisé-Plättchen vergangen.

Erworben 1866/67 aus dem Inventar der Herzog-Max-Burg, München.

55. Kat. Nr. 47

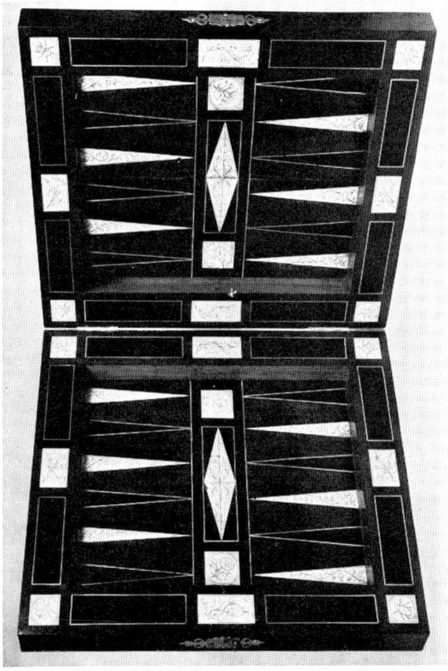

56, 57. Kat. Nr. 48

SÜDDEUTSCHLAND,
2. HÄLFTE 16. JH.

47. SCHACH, MÜHLE, TRICK-TRACK R 6575

Der Kasten und die Spielfelder sind in ihrer Ausführung ganz schlicht. Das später ein-

58.
Kat. Nr. 49

gefügte Schloß von 1710/20 graviert mit Bandlwerk und zwei Wappenschilden: der Pfälzer Löwe und die bayerischen Rauten, am Schließblech Monogramm CP (= Carl Philipp von der Pfalz, 1661—1742).

Elfenbein, Blindholz Eiche, der Rahmen aus massivem Ebenholz. Beschläge Silber massiv. 51,8 x 51,8 x 13,3 cm. — Zwei Elfenbeinfelder ergänzt.

Erworben 1866/67 aus den Vereinigten Sammlungen. Zuletzt in Schloß Bamberg.

DEUTSCHLAND, UM 1600

48. SCHACH, MÜHLE, TRICK-TRACK R 2573

Schlichter Kasten mit einfachem Messingschloß. Die Felder des Schachplans wechselnd aus Birke und schwarz gebeizter Eiche. Die Mühle rhomboid mit Felderrahmung. Die Felder und Bänder mit Zinnadern eingefaßt. Trick-Track-Spitzen wechselnd Ebenholz und Elfenbein, letzteres graviert mit Ranken, Blumen und Insekten. Die Ebenholzfelder von Zinnadern gerahmt.

Birke, Ebenholz, Eiche, Mahagoni, Zinn. 42,8 mal 38,8 mal 8,8 cm.

Erworben 1863/64.

AUGSBURG, UM 1600

49. SCHACH, GLÜCKSHAUS, TRICK-TRACK R 2863

Schlichter Kasten. Die Felder des Schachplans wechselnd Ebenholz und Elfenbein, letzteres graviert mit Tieren und Jägern, jeweils in einer Ranke. Glückshausplan mit gerahmten Quadraten und gotischen Ziffern. Die Trick-Track-Spitzen wechselnd Ebenholz und Elfenbein, letzteres graviert mit Tieren in Ranken, mit Tier- und Menschenköpfen mit Früchteaufbauten.

59, 60. Kat. Nr. 49

Ebenholz, Kirschbaum, Nußbaum, Palisander, Elfenbein, Blindholz Fichte. 41,2 x 40,5 x 10,2 cm.

Erworben zwischen 1856 und 1867.

DEUTSCHLAND, 2. VIERTEL 17. JH.

50. SCHACH, MÜHLE, TRICK-TRACK 23/20

Schlichter Kasten, die Seitenflächen hell gerahmt. Schachplan mit dunklen und hellen Feldern; Mühle mit hellen dreifachen Adern auf dunklem Grund. Die Trick-Track-Spitzen als Pyramiden ausgebildet.

Birnbaum, Birke, Nußbaum, Blindholz Fichte. 41,2 x 41,2 x 12,5 cm. — Kleinere Furnierstücke ergänzt.

Erworben 1923 aus Privatbesitz Straubing.

61. Kat. Nr. 50

62. Kat. Nr. 51

63,
64. Kat. Nr. 52

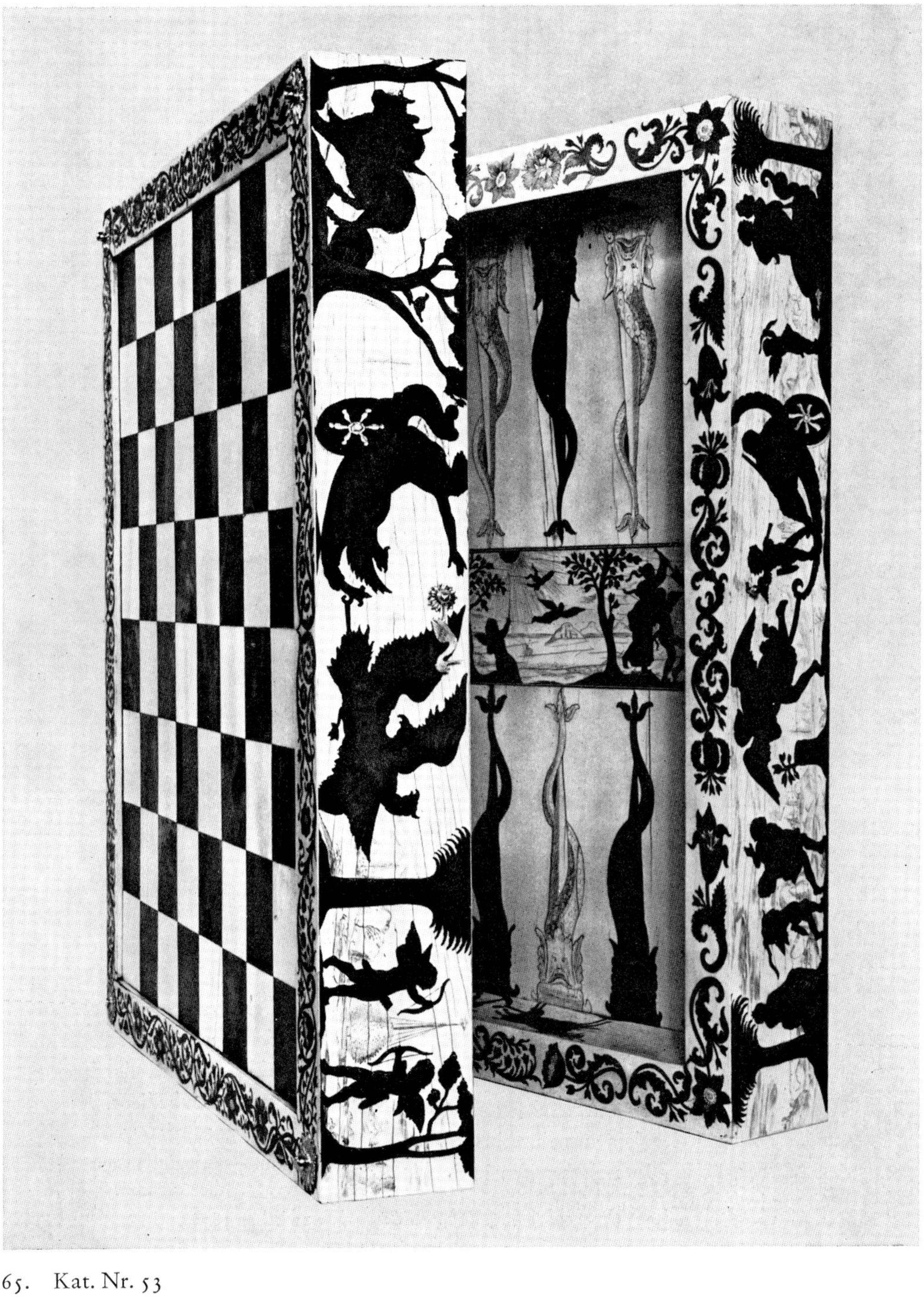

65. Kat. Nr. 53

66, 67. Kat. Nr. 53

NIEDERLANDE, MITTE 17. JH.

51. SCHACH, TRICK-TRACK R 3177

Rechteckiger, glatter Kasten, Vorder- und Rückseite ergänzen sich zum Schachplan. Die dunklen Felder sind vertieft und mit durchbrochenen Silberornamenten belegt. Ähnliche Blütenranken an den Ecken und in der Mitte des Kastenrahmens. Große Verschlußhaken. Die Trick-Track-Spitzen wechselnd aus grün gefärbtem Elfenbein und eingelegten Ranken aus durchbrochenem Silber. Breiter Intarsienstreifen in der Mitte mit gerahmten Rhomben.

Buchsbaum, Ebenholz, Nußbaum, Elfenbein; Silber über Matrizen gestanzt. 26 x 17 x 6,5 cm.

Erworben 1858 aus den Vereinigten Sammlungen. Zuletzt in Schloß Bamberg, davor in Schloß Mannheim.

SÜDDEUTSCHLAND, 2. HÄLFTE 17. JH.

52. SCHACH, MÜHLE, TRICK-TRACK R 2656

Kasten mit schwerem Rahmen und massigen gravierten Eisenbeschlägen. Die Spielpläne ohne Verzierung, die Rahmen mit einfachen Felderintarsien. Der Federmechanismus des Schlosses wird durch eine der würfelförmigen Nieten bedient.

Ahorn, Birnbaum, Eiche, Kirschbaum. 40,7 mal 40,7 mal 7,2 cm. — Schachplan ausgespänt. In der Mühle zwei Stäbchen ergänzt.

Erworben zwischen 1856 und 1867.

AUGSBURG, 4. VIERTEL 17. JH.

53. SCHACH, MÜHLE, TRICK-TRACK R 3828

Der glatte Kasten vollständig überzogen

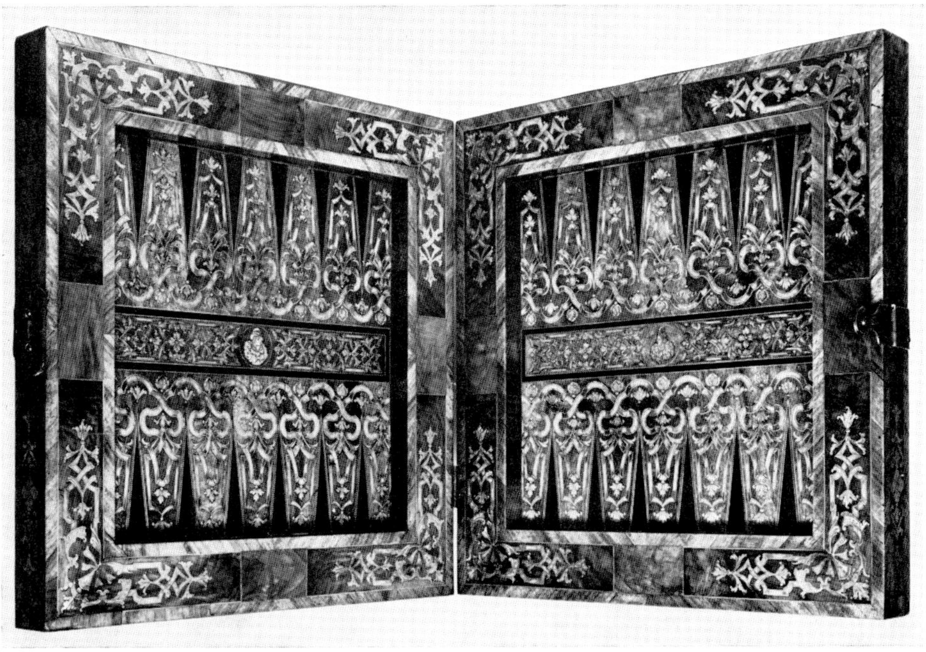

68, 69. Kat. Nr. 54

70. Kat. Nr. 55

mit Schildpattintarsien in Elfenbein. Auf der Kante jeweils in der Mitte eine antike Gottheit im Wagen, flankiert von Amoretten. Die Spielfelder von feinen Ranken gerahmt, die weißen Flächen der Mühle graviert mit Athena in der Mitte, Jagdszenen, Schiffen, Reitern und großen Akanthusranken in den Ecken. Die Trick-Track-Spitzen als Delphine gebildet, die sich um Obelisken ringeln. Auf dem Mittelstreifen mythologische Szenen, am Rand wieder Götter in Wagen vor graviertem Landschaftshintergrund.

Elfenbein, Schildpatt auf Eiche; Beschläge Silber. 56 x 49 x 16,6 cm.

Erworben 1866/67 aus dem Inventar der Herzog-Max-Burg, München.

Das Brettspiel mit dem Gegenschnitt (genau den gleichen Darstellungen Elfenbein in Schildpatt) allerdings mit anderen Gravierungen im Hohenlohe-Museum Schloß Neuenstein.

Literatur: Führer 1868, S. 273. — Wichmann Nr. 107.

WIEN, UM 1730,
FRANZ ANTON HERRMANN

54. SCHACH, MÜHLE, TRICK-TRACK 13/545

Reiches Bandlwerk mit Muscheln auf den Rahmen, zwischen den Bändern der Mühle, zwischen den Spitzen und auf dem Mittelstreifen des Trick-Track-Plans. In der Mitte der Mühle türkischer Herrscher, im Mittelstreifen des Trick-Track-Plans je eine männliche und eine weibliche Büste. Einfach graviertes Messingschloß, durch kleine Eicheln zu verschließen.

Ahorn, Mahagoni, Nußbaum. 49 x 49 x 10,5 cm.

Erworben 1913 als Legat von Major Ludwig Herrmann, München.

Der Vorbesitzer erwähnte dieses Brettspiel in seinem Testament als Arbeit seines Urgroßvaters Heinrich Ludwig Herrmann. Da dieser erst 1734 geboren wurde, kann die Arbeit nur von dessen Vater Franz Anton Herrmann (1711 bis 1770) stammen, der 1727 seine Gesellenprüfung in der Wiener Werkstatt seines Vaters Johann Heinrich Herrmann ablegte, 1733 nach Mainz übersiedelte und dort 1736 seine Meisterprüfung bestand. Das ausgeprägte Laub- und Bandlwerk läßt eine Datierung des Brettspiels nach 1730 kaum zu. Wenn die Familientradition stimmt, muß es sich also um eine Arbeit aus Herrmanns Gesellenzeit handeln. Die erstaunliche Qualität und Fortschrittlichkeit seines Meisterstücks — der Schreibschrank des Kurfürsten Philipp Karl von Eltz in Eltville — bedingen eine große Zahl zuvor ausgeführter Arbeiten ähnlicher Qualität. Die überaus reiche und dichte Form des — gravierten! — Bandlwerks mit den strengen Muscheln begegnet in vergleichbarer Art vorwiegend an Wiener Möbeln des ersten Viertels des 18. Jahrhunderts. (Vgl. H. Kreisel, Die Kunst des deutschen Möbels II. München 1970, Abb. 391 ff. Zu F. A. Herrmann: P. A. Wolf, Das Werk des Hofschreiners Franz Anton Herrmann. In: Mainzer Zeitschrift 65. 1970, S. 1 ff.)

AUGSBURG, ELIAS BÄCK, UM 1730

55. SCHACH, MÜHLE, TRICK-TRACK 30/118

Der Rahmen des Kästchens ist fleckig rot als Schildpattimitation bemalt. Der gedruckte Schachplan mit Frauen-, Männer- und Soldatenbüsten. Am Rand Privileg und Signatur: „Elias Bäck g.H.sculps.et.excud. Aug.Vind." Mühleplan mit Jagdszenen, auf dem Randstreifen Insekten. Trick-Track-Plan mit Soldaten in den Zwickeln und zugehörigen Versen auf dem Mittelstreifen: „Die Ungrisch Feld Schalmey pflegt man bey uns zu führen, Und auf Banduren arth thu ich mein Trommel rühren. Dann gehen wir beherzt auf unsere Feinde zu, Ward einer hart verwundt begleit ich ihn zur Ruh. Mein Säbel in der Faust beschützt mich vor Gefahr, Ich aber hau und schieß als Ungarisch Husar. Schavonien hat mich zum Kriegen auserkoren, Und in Dalmatien bin ich zur Fahn gebohren. Croatien sengt mich als einen Martis Sohn, Mein fertger Säbel Streich der gibt mir Beut' zu Lohn. Den Feld Marsch blasen wir mit unseren Waldhoren, als Tambour bin ich auch zur Trommel auserkohren. Ich aber commandier die gantze Kriegesmacht, Durch mich als Officier wird dieses dann vollbracht. Und ich mit der Granat thu tapfer avancieren. Ich will mit meinem Rohr dich hurtig defendieren. Ich aber hau und stoß, so gut ich immer kan, Wer sich verlaufen hat find sich zu meiner Fahn. Dan zieht man ordentlich zurücke nach dem Streit, Doch sezts bej manchem offt viel Schläge nach der Beut."

Kupferstiche, auf Fichtenholz aufgezogen und koloriert. 12 x 12 x 3,7 cm. — Leicht verschmutzt. — Zugehörige Brettsteine Kat. Nr. 80 und Würfel Kat. Nr. 347.

Erworben 1930 aus Privatbesitz München.

Elias Bäck, gen. Heldenmuth (1679—1747) war in erster Linie Stecher aber auch Verleger in Augsburg.

SÜDDEUTSCHLAND, UM 1740

56. SCHACH, MÜHLE, TRICK-TRACK R 5250

Glatter Kasten, Schach- und Mühleplan ganz einfach, die Trick-Track-Spitzen mit feinen Begleitstreifen und Knospenformen an den Enden. Im Mittelstreifen einfaches

71. Kat. Nr. 56

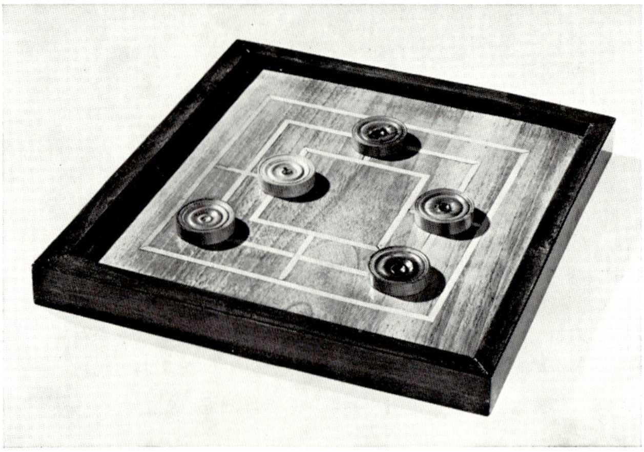

72. Kat. Nr. 57

Bandelwerk. Scharniere und Schloß Messing vergoldet mit einfachen Rocailleformen graviert.

Ahorn, Nußbaum, teilweise rot gebeizt. 46 mal 46 mal 10 cm. — Kleinere Furnierstücke und drei Stücke des inneren Randes ergänzt.

Erworben zwischen 1856 und 1867.

DEUTSCHLAND, 1. HÄLFTE 19. JH.

57. SCHACH, MÜHLE 41/123,1

Schlichtes Brett mit umlaufendem Rahmen. Die Spielpläne schmucklose Intarsien.

Birke, Esche, Mahagoni. 30,2 x 30,8 x 3 cm.

Erworben 1941 als Legat von Frau Kreszenz Hiendlmayr, München.

BRETTSTEINE

Brettspiele sind aus allen Kulturen bekannt. Bei Gleichrangigkeit der einzelnen im Spiel bewegten Zeichen — die bei der überwiegenden Mehrzahl der Spiele besteht — müssen sich nur die beiden Parteien, die gegeneinander spielen, voneinander unterscheiden. Die Form spielt im übrigen keine Rolle; primitive Kulturen bedienen sich gefundener Gegenstände wie Steine oder Muscheln. Die Ägypter — die auch ein Spiel mit rangverschiedenen Figuren gekannt haben — hatten schon den heute noch beim Halma und allen Laufspielen benützten Kegel. Die frühesten bekannt gewordenen Brettsteine im Abendland, in Frankreich im 11. Jahrhundert entstanden, sind kreisrunde flache Scheiben, die mehr oder weniger verziert sind, aus Bein oder Holz, Walroßzahn oder Elfenbein. In späterer Zeit treten alle denkbaren anderen Materialien hinzu, Bernstein, Halbedelsteine, die verschiedensten Metalle.

Die frühesten Brettsteine wurden vom Bildhauer geschnitzt, die Parteien unterschieden sich durch verschiedenartige Bemalung. Geschnitzte Brettsteine gibt es bis ins 16. Jahrhundert in großer Zahl. Den größten Anteil an der Herstellung der Brettsteine dürften jedoch die Drechsler gehabt haben. Von einfachen gedrehten Scheiben (Kat. Nr. 79) bis zu den kompliziertesten exzentrischen Guillochierungen stehen ihnen eine Vielfalt von Dekorationsmotiven zur Verfügung. Eine neue Methode, Brettsteine in großen Mengen schnell zu dekorieren, erfand zu Beginn des 16. Jahrhunderts der Schreiner und Schraubenmacher Leonhard Danner in Nürnberg. Er prägte als erster Hirnholzscheiben in der Art wie Medaillen, eine Methode, die sich dann vor allem im 17. und 18. Jahrhundert größter Beliebtheit erfreute.

Vermutlich haben die Verleger der Medaillen auch die Brettsteine angefertigt. Friedrich Kleinert (1633—1714), der in Nürnberg die meisten Medaillen von Müller und Brunner herausgab, verfügte über ein Preßwerk für Gegenstände aus Holz, Horn und Elfenbein, auf dem er Brettsteine ausprägte. Nur bei einem kleineren Teil der Brettsteine gehören Vorder- und Rückseite, den Medaillen entsprechend, zusammen. Oftmals liegt das Ereignis, auf das sich die Medaille der Vorderseite bezieht, um Jahrzehnte von dem auf der Rückseite dargestellten entfernt. Politische Medaillen finden sich auf ein und demselben Brettstein mit erotischen zusammen, erotische wieder mit religiösen, den Stempel der Vorderseite hat ein Meister geschnitten und signiert, den der Rückseite ein anderer. Derartige Bastardprägungen lassen die Vermutung zu, daß auch andere Handwerker sich mit der Herstellung von Brettsteinen befaßten. Es wäre denkbar, daß diese Brettsteinmacher ausgebrauchte Stempel erwarben und diese, mehr oder weniger wahllos, für die Herstellung der Brettsteine verwendeten. Daneben wurden selbstverständlich, vor allem im 16. und 17. Jahrhundert, auch Stempel eigens für Brettsteine geschnitten. Auch gibt es nach Medaillen nachgeschnittene (vergröberte) manchmal auch mechanisch verkleinerte Stempel für die Spielsteine (vgl. Kat. Nr. 227 und 237, 255 und 298, 295 und 317). Für derartige Verkleinerungen standen den Drechslern die entsprechenden Geräte zur Verfügung. Da sie sowie den größten Teil der Brettsteine anfertigen, dürften sie wohl auch als Hersteller für die geprägten Exemplare in Frage kommen, zumal es einzelne geprägte Brettsteine gibt, die in einen gedrechselten Ring eingesetzt sind, also sowieso der Arbeit des Drechslers bedurften. Auch Kleinert war ja Drechsler. Ferner beschreibt P. Hamelin-Bergeron das Prägen von Holzscheiben sehr ausführlich in seinem Handbuch für Drechsler (Manuel du Tourneur. Paris 1816, II, S. 441 ff., Taf. 52).

Die Zentren dieser Art der Brettsteinherstellung waren Nürnberg und Augsburg. Einige Stücke sind mit der Augsburger Stadtmarke, dem Pyr, gezeichnet. Die überwiegende Mehrzahl der benutzten Medaillenstempel stammt von Nürnberger Künstlern.

Das Datum der Ausprägung der einzelnen Brettsteinfolgen läßt sich nicht ermitteln. Auch Medaillen waren Jahrzehnte nach ihrem Erscheinen noch lieferbar, wie der 1742 erschienene Katalog von C. Th. Lauffer beweist, in dem zahlreiche Medaillen angeboten werden, die aus der Zeit Kleinerts stammen. (Lauffer hatte 1709 Kleinerts Prägeanstalt übernommen.) Im vorliegenden Katalog wurde die Folge jeweils nach dem jüngsten dazu verwendeten Prägestempel datiert, ein Datum, das jedoch nur einen terminus ante quem non darstellen kann.

Gleichzeitig mit den ersten geprägten Brettsteinen gibt es eine zweite Form mechanischer Vervielfältigung: den Guß in Stuckmasse. Diese Technik, bei der die in Stuck in eine Form gegossenen und mehr oder weniger farbig gefaßten Brustbilder in gedrechselte Holzscheiben eingesetzt wurden, ist offenbar nur in Augsburg geübt worden.

73. Kat. Nr. 58

DEUTSCHLAND, 2. HÄLFTE 12. JH.

58. HASENJÄGER MA 178

Ein junger Mann hält einen Hasen über seinen Kopf, zu beiden Seiten hochspringende Hunde. Auf dem Rand: HIC LEPORE VENATOR TOLLIT (Hier trägt der Jäger den Hasen).

Walroßzahn. Dm. 5,6 cm. — Sehr hohes Relief. Reste von blauer Fassung. Starke Ausbrüche am Rand rechts und vor allem links.

Erworben vor 1883.

Im ehem. Deutschen Museum Berlin befanden sich drei zum gleichen Spiel gehörende Steine (Volbach Taf. 35. — Nur Nr. 621 in Bruchstücken im Bodemuseum erhalten). Eine Reihe weiterer ähnlicher Steine bei Goldschmidt III, Nr. 171, 177, 179, 181—187. Vgl. auch Schnitzler-Volbach-Bloch, Skulpturen. Slg. Kofler-Truniger, Luzern 1964, S. 18.

Literatur: BNM Kat. V, 178. — Goldschmidt III, Nr. 172. — BNM Kat. XIII, 4, Nr. 26.

DEUTSCHLAND, 13. JH.

59. FABELTIER D 1005

Ein nach rechts schreitender Vogel mit zurückgewandtem Ziegenkopf. Der Rand mit geschnitztem Zickzackmuster.

Bein. Dm. 4,1 cm, S. 1 cm. — In der Mitte sehr porös, Riß von unten rechts zur Mitte.

Erworben vor 1883.

Derartige Fabelwesen als Schmuck der Brettsteine sind seit dem 11. Jahrhundert beliebt (s. Goldschmidt III, Nr. 163 ff.). Der bei aller Stilisierung vor allem im Kopf spürbare Realismus läßt sich am ehesten mit den Exemplaren des 13. Jahrhunderts vergleichen. Ähnliche Motive begegnen in dieser Zeit auch in der Wandmalerei.

74. Kat. Nr. 59

75. Kat. Nr. 60, 61, 62

DEUTSCHLAND, UM 1530/40

Drei BRETTSTEINE

Auf dem Rand Tauornament, das Bildfeld eingetieft, darin aus dem gleichen Stück à jour geschnitzt je eine Figur.

60. SPIELMANN R 1995
mit Dudelsack. — Der äußere Randstab rechts und oben ausgebrochen.

61. BAUER R 1996
mit Spaten. — Spuren von Fassung. Unterer Teil des Schaftes ausgebrochen.

62. HENKER R 1997
mit Schwert. — Schwarz lackiert. Äußerer Randstab links an drei Stellen ausgebrochen.

Linde. Dm. 5,1 cm. S. 1,1 cm.

Erworben vor 1883.

AUGSBURG, UM 1520/25.
ART DES HANS SCHWARZ

63. LUKRETIA 11/136
Brustbild der Lukretia im Halbprofil nach links. In der Brust der Dolch. Hoher profilierter Rand.

Linde. Dm. 5,1 cm. — Augen, Lippen und Wunde gefaßt.

Erworben 1911 aus der Sammlung Lanna, Prag.

Literatur: Sammlung Frh. A. v. Lanna. Verst. Kat. R. Lepke, Berlin 21./28. 3. 1911, Bd. II, 86. — Augsburger Renaissance-Ausstellung Nr. 533. — BNM Kat. XIII, 2, Nr. 293.

AUGSBURG, UM 1535

VIER BRETTSTEINE

Kleine gedrechselte Scheiben mit breitem profilierten Rand, darin in hohem und sehr feinem Relief jeweils ein Brustbild.

64. WILHELM IV. VON BAYERN (1493—1550) R 479
mit flachem Hut und Kette, nach links. — Ausgekittetes Loch oben im Rand, Absplitterung an der Rückseite.

65. JACOB FUGGER DER REICHE (1459—1525) R 478
mit Mütze und vorne geschnürtem Gewand, nach links. — Ausgeflicktes Loch oben, Scheibe gesprungen.

76. Kat. Nr. 63

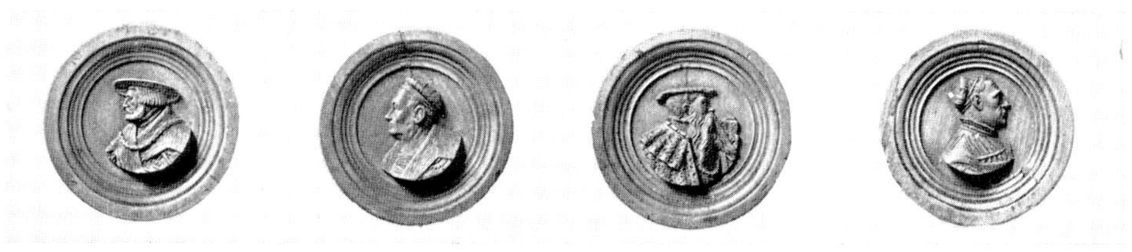

77. Kat. Nr. 64–67

66. HIERONYMUS FUGGER
(1499—1538) R 477
Neffe des Vorigen, in prächtigem Gewand, nach rechts. — Ausgekittetes Loch oben.

67. MATTHÄUS SCHWARZ
(1497—1574) R 480
Faktor der Fuggerschen Handelsgesellschaft, gen. „der Kleidernarr", in aufgeputztem Gewand nach rechts. — Zwei ausgeflickte Löcher im Rand, links gekitteter Ausbruch.

Spindelbaum. Dm. 3,2 cm. S. 0,5 cm.

Erworben vor 1883.

Literatur: Lieb, Fugger I, S. 279, 416, Abb. 207; II, S. 330, Abb. 23. — Augsburger Renaissance-Ausstellung 545, 559, 562, 573.

AUGSBURG, UM 1535
ZWEI BRETTSTEINE
Gedrechselte Scheiben mit hohem profilierten Rand. Darin eingelegt jeweils ein Brustbild nach links. Auf der Unterseite großer Brandstempel CPD.

68. KASPAR VON FRUNDSBERG
(1500—1536) 31/150
Sohn des Landsknechtsführers Georg von Frundsberg.

69. JAKOB FUGGER DER REICHE
(1459—1525) 31/149
Nach der Medaille von Hans Schwarz, 1518 (Habich 116, 117).

Birn- und Nußbaum, teilweise vergoldet. Dm. 5 cm. S. 0,8 cm.

Erworben 1931 aus Kunsthandel Paris, ehem. in der Sammlung Spiker.

Zur gleichen Serie, auch mit dem gleichen Brandstempel versehen, gehören drei Brettsteine ehem. in der Sammlung Lanna (Verst. Kat. R. Lepke, Berlin 21./28. 3. 1911, Bd. II, 82—84).

Literatur: Lieb, Fugger I, S. 279, Abb. 208. — Augsburger Renaissance-Ausstellung 555, 561.

AUGSBURG, UM 1540.
ART DES HANS KELS
ZWEI BRETTSTEINE
Gedrechselte Scheiben mit hoch profiliertem Rand. Darin eingelegt jeweils ein Brustbild. Auf der Unterseite eingeschnittene Inschriften.

70. MARIA VON BURGUND
(1458—1482) 26/11
die erste Gemahlin Kaiser Maximilians I., nach rechts, ein kleines Diadem vorne auf der modischen Frisur, Perlkette, der Saum des Gewandes gerade noch sichtbar. Inschrift: =CA=/MAXIMILIA=/NVS HAVSZ=/FRAW.

71. CHRISTIAN VON DÄNEMARK
(1481—1559) 26/12
mit flachem Barett, in Mantel mit breitem Pelzbesatz nach links. Inschrift: CRISTIERVS/DEMMARCKT/REX.

Zwetschge, Ahorn und Buchsbaum. Dm. 5,3 cm. S. 1 cm.

78. Kat. Nr. 68, 69

79. Kat. Nr. 70, 71

80. Kat. Nr. 72, 73, 74

Erworben 1926 aus Kunsthandel Stuttgart.

Vgl. ähnliche Brettsteine bei Schlosser II, Taf. 18.

SÜDDEUTSCHLAND,
MEISTER M K, UM 1600

ZWEI BRETTSTEINE

Breiter innen profilierter Rand, darin je ein Brustbild. Auf der Unterseite ein flaches eingedrehtes Profil.

72. KARL V. (1500—1568) R 457

Brustbild nach rechts. Im Armabschnitt Signatur: M K, ligiert.

73. SIGISMUND I. VON POLEN (1467—1548) R 458

Brustbild nach links. Im Armabschnitt Signatur: M K, ligiert.

Buchsbaum. Dm. 5,6 cm. S. 1,1 cm.

Erworben vor 1883.

Das Bayerische Nationalmuseum besitzt außer diesen Brettsteinen noch zwei weitere Porträtmedaillons mit der Signatur MK. Habich kann insgesamt 80 Stücke zusammenstellen. Als Meister schlägt er entweder einen in der Gegend von Rosenheim tätigen Tonbildner und Kachelbäcker mit gleicher Signatur oder — doch wohl mit mehr Wahrscheinlichkeit — einen der drei Michael Kern in Forchtenberg vor.

Literatur: Max Bernhart, Die Bildnismedaillen Karls V. München 1919, S. 22, Nr. 107, Taf. VII. — G. Habich, Kunstkammer-Stücke. Archiv für Medaillen- und Plakettenfreunde 4. 1923/24, S. 136, Nr. 3 u. 4.

BRAUNSCHWEIG (?),
PETER HENCKE, MITTE 18. JH.

74. SCHMUNZELNDER BAUER 26/10

Brustbild nach links in relativ hohem Relief, gestichelter Grund.

Elfenbein. Dm. 5,2 cm. S. 0,9 cm.

Erworben 1926 aus Kunsthandel Stuttgart.

Peter Hencke, gest. 1771 in Mainz, war offenbar weitgehend für den Braunschweiger Hof tätig. Im Herzog-Anton-Ulrich-Museum Braunschweig haben sich einige Reliefs mit Darstellungen von Bauern im niederländischen Typus erhalten. Vermutlich diente für den Brettstein eine Radierung Pieter Jansen Quasts als Vorlage. (Vgl. Ch. Scherer, Die Braunschweiger Elfenbeinsammlung. Leipzig 1931, Nr. 223 f.)

82, 83. Kat. Nr. 76

GEDRECHSELTE BRETTSTEINE

SÜDDEUTSCHLAND, UM 1600

75. 30 BRETTSTEINE R 3829—3858

Hohe Scheiben, die Flächen guillochiert, die Kanten mit eingelegten senkrechten Elfenbeinstreifen.

Je 15 Steine aus Elfenbein und Ebenholz. Dm. 6,3—6,6 cm S. 1,7 cm.

Erworben vor 1883.

81. Kat. Nr. 75

84. Kat. Nr. 77, 79, 81, 83, 84

SÜDDEUTSCHLAND,
ANFANG 17. JH.

76. 29 BRETTSTEINE

R 4358—4371, 4422—4436

Reich guillochierte Scheiben, die Gegenseite weist jeweils eine andere Ornamentform auf.

14 Steine Elfenbein, 15 Steine Ebenholz. Dm. 5,5—5,6 cm. S. 1,1 cm.

Erworben vor 1883.

RUSSLAND (?), 17. JH.

77. 23 BRETTSTEINE R 2657—2679

Einfache gedrechselte Scheiben, die Parteien durch helleres und dunkleres Material unterschieden.

Bernstein. Dm. 3,3 cm. S. 0,7 cm. — 16 dunkle und 7 helle Steine erhalten, einer ergänzt. Bernstein stark rissig. — Zugehöriges Spielbrett Kat. Nr. 32.

Erworben 1866/67 aus den Vereinigten Sammlungen.

SÜDDEUTSCHLAND, 17. JH.

78. 28 BRETTSTEINE

R 1935—1961, 2917

Flache Scheiben, beide Seiten guillochiert.

13 Steine Elfenbein, 15 Steine Ebenholz, Dm. 3,9 cm. S. 1 cm.

Erworben 1885.

DEUTSCHLAND, 17. JH. (?)

79. 23 BRETTSTEINE D 592

Flache, schmucklose Scheiben, elf braun gefärbt.

Elfenbein. Dm. 7,2 cm. S. 1,2 cm.

Erworben vor 1883.

AUGSBURG, UM 1730

80. 29 BRETTSTEINE 30/118

Kleine Scheibchen, auf der Oberseite drei schlichte gedrechselte Rillen. Die Parteien durch das verschiedenfarbige Holz unterschieden.

Buche und Pappel. Dm. 1,5—1,7 cm. S. 0,4 cm. Die einzelnen Steine sind in Form und Größe sehr unterschiedlich. — Zugehöriges Brettspiel Kat. Nr. 55 und Würfel Kat. Nr. 347.

Erworben 1930 aus Privatbesitz München.

DEUTSCHLAND, ANFANG 19. JH.

81. DREI BRETTSTEINE R 2920—2922

Gedrechselte schmucklose Scheiben mit hochstehendem Rand.

Birnbaum. Dm. 5,2 cm. S. 1,4 cm.

Erworben vor 1883.

DEUTSCHLAND, 19. JH.

82. BRETTSTEIN 41/116, 6

Einfache Scheibe mit flachem Profil, den Rand begleitend, in der Mitte zwei Ringe.

Ahorn, schwarz gebeizt. Dm. 5,3 cm. S. 1,3 cm. — Gesprungen, zerkratzt.

Erworben 1941 als Legat von Frau Kreszenz Hiendlmayr, München.

DEUTSCHLAND, 19. JH.

83. ELF BRETTSTEINE 41/116

Einfache Scheiben mit vertiefter Mitte, darin auf der einen Seite ein, auf der anderen vier Kleeblattornamente mit Tauring.

Ahorn, 7 Steine schwarz gebeizt. Das Ornament gepunzt. Dm. 5,5 cm. S. 1,3 cm.

Erworben 1941 als Legat von Frau Kreszenz Hiendlmayr, München.

Im 19. Jahrhundert kommen, auch bei Möbeln, gepunzte Ornamente auf. Nach dem Punzen wird die Oberfläche bis auf die Tiefe des eingeschlagenen Ornaments weggenommen. Durch Wässern tritt sodann die Ornamentform plastisch hervor.

DEUTSCHLAND, 19. JH.

84. 28 BRETTSTEINE NN 924

Gedrehte Scheiben mit fünffacher Profilierung auf beiden Seiten.

Die schwarze Partei mit dunklem Farbpunkt in der Mitte.

Ahorn. Dm. 4 cm. S. 0,9 cm.

GEFORMTE BRETTSTEINE

AUGSBURG, UM 1535

15 BRETTSTEINE

Gedrechselte Holzscheiben mit eingetieftem Fond mit breitem profilierten Rand mit eingeschnittener Inschrift. Im Fond jeweils ein Brustbild in Stuck, die Gewänder farbig gefaßt.

85. DEI . GRACIA . CAROLVS CAESSAR R 429

Karl V. (1500—1558) nach rechts. Nach dem geschnitzten Brettstein in der Art des Hans Kels (Schlosser II, XVIII, 7). Vgl. Figdor, IV, 274.

86. DEI . GRACIA . FERDINANDVS . REX R 430

Ferdinand I. (1503—1564) nach links. Seitenverkehrte Wiederholung des geschnitzten Brettsteins in der Art des Hans Kels (Schlosser II, XVIII, 9). Vgl. Lanna II, 28.

Literatur: Augsburger Renaissance-Ausstellung Nr. 540.

87. GILIELMVS . LVDOVIC . DUX . SVPERIORIS . INFERIOIS . BAVARIA R 435

Wilhelm IV. (1493—1550) und Ludwig X. (1495—1545) von Bayern nach links. — Größerer Ausbruch unten am Rand.

88. LEONORA . REGINA . DE . FRANCIAE R 434

Eleonore von Frankreich (1499—1558), die Gattin Franz I. nach links. — Größerer Ausbruch unten am Rand.

89. MARIA . REGINA R 433
Maria von Ungarn (verh. 1521, gest. 1558), die Schwester Karl V., nach rechts.

Literatur: Augsburger Renaissance-Ausstellung Nr. 542.

90. ANNA . DVCISSA . IN . SILESIA . R 437
Anna von Schlesien (1515—1550), die Gemahlin Georg I. Herzog in Schlesien, Tochter Bogislav X. Herzog in Pommern, nach rechts.

91. IACOBI . FVGGERI . VXOR . DE . AVGVSTA R 444
Sybilla Arzt (1459—1525), die Gattin Jacob Fuggers des Reichen, nach links. — Fehlstellen im Gesicht.

Literatur: Augsburger Renaissance-Ausstellung Nr. 550.

92. ANNTONI . FVGGERVS . AVGSPVRG . R 441
Anton Fugger (1493—1560), Neffe Jacob Fuggers des Reichen, nach rechts.

Literatur: Fugger u. Welser Nr. 234 e. — Augsburger Renaissance-Ausstellung Nr. 558. — Lieb, Fugger II, S. 466, Abb. 273.

93. ANNA · REGINA · ANNTONI · FVGGERI · VXOR · AVGVSTAE R 440
Anna Regina Rehlinger (1511—1548), die Gattin Anton Fuggers, nach links. — Vgl. Historisches Museum Basel.

Literatur: Lieb, Fugger, 468, Abb. 251. — Augsburger Renaissance-Ausstellung Nr. 572.

94. HIERONIMUS · FVGGERVS · AVGVSTAE R 443
Hieronymus Fugger (1499—1538), Neffe Jacob Fuggers des Reichen, nach rechts.

Literatur: Fugger und Welser Nr. 234 g. — Augsburger Renaissance-Ausstellung Nr. 560. — Lieb, Fugger II, S. 330.

95. CHVONRADVS · IN · ROSEN R 450
Kunz von der Rosen († 1519), Kaiser Maximilians „lustiger Rat", frontal. — Nach der Medaille von Hans Schwarz, 1518 (Habich XVIII, 1, Nr. 120). — Vgl. Lanna II, 20 u. 66c. — Größerer Ausbruch links oben.

Literatur: Augsburger Renaissance-Ausstellung Nr. 560.

96. HVLDERICHVS · IN ·VLM R 451
Ulrich Ehinger von Ulm, verh. 1538 mit Regina Rehlinger, frontal. Auf der Rückseite: EHINGAR — Nach der Medaille von Christoph Weiditz, 1531/32 (Habich I, Nr. 392). — Größerer Ausbruch unten. — Vgl. Lanna II, 66a.

Literatur: Augsburger Renaissance-Ausstellung Nr. 553.

97. VRSSVLA SELDIN A AVGVSTAE 30/278
Ursula Seld, nach rechts. Die Goldschmiedefamilie Seld stand in enger Beziehung zu Raymund Fugger. — Relief stark berieben. — Vgl. Lanna II, 65b und Historisches Museum Basel.

Literatur: Augsburger Renaissance-Ausstellung Nr. 574.

98. ELIZABETHA · IN · AMARACVS R 448
Elisabeth Amaracus nach links.

Literatur: Augsburger Renaissance-Ausstellung Nr. 549.

85. Kat. Nr. 109, siehe auch Abb. 86

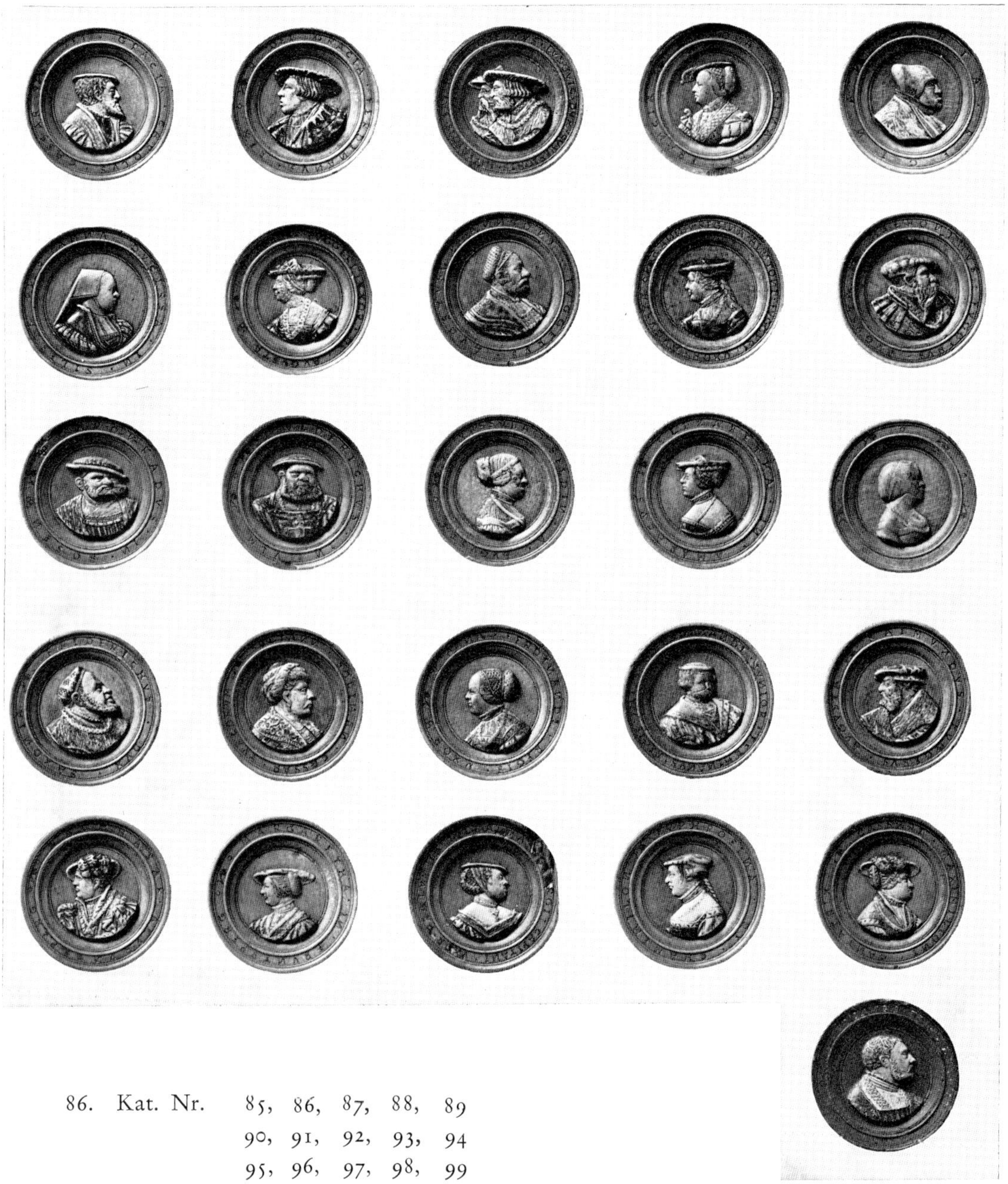

86. Kat. Nr. 85, 86, 87, 88, 89
90, 91, 92, 93, 94
95, 96, 97, 98, 99
100, 101, 102, 103, 104
105, 106, 107, 108, 109
110

99. UNBEKANNTE DAME R 452
Weibliches Bildnis nach rechts.

Literatur: Augsburger Renaissance-Ausstellung Nr. 576.

Ahorn, Stuck, gefaßt. Dm. 4,5 cm. S. 1 cm. — Der Satz entspricht vollkommen den Kat. Nrn. 100—109, unterschieden lediglich durch die Rückseite, in die nur eine Kreislinie eingedreht ist.

Erworben vor 1883; Kat. Nr. 95: 1930 aus Kunsthandel München.

AUGSBURG, UM 1535

ZEHN BRETTSTEINE

Den vorigen völlig gleich, unterschieden lediglich durch die Rückseite, in die zwei Kreislinien eingedreht sind.

100. FRIDERICHVS · DVX · SAXONIAE R 436
Friedrich III. von Sachsen (1463—1525), nach rechts. — Oben im Rand Riß.

101. SVLTANN · SOLIMAN · CAESSAR · TVRCORVM R 438
Suleiman II. der Große (1495—1566), nach rechts.

102. ANNA · FERDINANDI · REGIS · VXOR R 432
Anna von Ungarn (1503—1547), Gemahlin Ferinand I., nach links. — Nach dem geschnitzten Brettstein in der Art des Hans Kels (Schlosser II, XVIII, 11). — Vgl. Lanna II, 65a.

103. FERDINANDI · IVNIOR · FERDINANVS · REGIS · FILIVS R 431
Ferdinand II. von Tirol (1529—1595) im Halbprofil nach rechts. — Kleinere Stoßstellen am Rand, Gesicht stark berieben. — Vgl. Figdor IV, 274.

104. RAIMVNDVS · FVGGERVS · AVGVSTAE R 442
Raymund Fugger (1489—1535), Neffe Jacob Fuggers des Reichen, nach links. — Vgl. Historisches Museum Basel 1870.1021.

Literatur: Fugger und Welser 234 c. — Augsburger Renaissance-Ausstellung 564. — Lieb, Fugger II, S. 357, Abb. 85.

105. WALTHASAR · A · FRUNDTSPERG R 445
Balthasar von Frundsberg (1506—1531), Sohn des Landsknechtführers Georg von Frundsberg, nach links. — Nach der Medaille von Friedrich Hagenauer, 1529/30 (Habich 539).

Literatur: Augsburger Renaissance-Ausstellung Nr. 554.

106. MARGARETHA · IN · FRVNDTSPERG R 446
Margaretha zu Kronmetz (geb. 1509), die Gattin Kaspar von Frundsbergs, nach links. — Hutrand ausgebrochen.

Literatur: Augsburger Renaissance-Ausstellung Nr. 556.

107. IVLEANNA · GEORGI · CAPPETANI · VXOR · PRAELVM R 449
Juliane, die Gattin des Feldhauptmanns Georg, nach rechts. — Rechts größerer Ausbruch, mehrere Schlagspuren, auch auf der Rückseite. — Vgl. Lanna II, 6510 (dort: „... UWIOR IN DIRNSTAIN“) und Figdor IV, 274.

87. Kat. Nr. 115
siehe auch Abb. 88

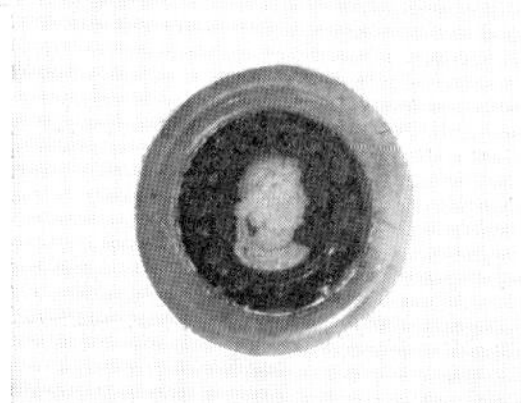

88. Kat. Nr. 111, 112, 113
114, 115, 116
117, 118, 119
120, 121, 122
123

Literatur: Augsburger Renaissance-Ausstellung Nr. 568.

108. EVPHROSINA · DE · CHAMEMILON R 447
Euphrosina de Chamemilon, nach links.

Literatur: Augsburger Renaissance-Ausstellung Nr. 551.

109. CASSARI · MAXIMILIONI · CANTATRIX R 453
Bildnis einer Sängerin am kaiserlichen Hof, nach rechts. — Kleine Ausbrüche am Rand.

Literatur: Augsburger Renaissance-Ausstellung Nr. 544.

Ahorn, Stuck, gefaßt. Dm. 4,5—4,6 cm. S. 0,9 bis 1 cm.

Erworben 1863 aus Kunsthandel Nürnberg.

AUGSBURG, UM 1535

110. IOHANS · FRIDERICHVS · DVX · DE · . . . R 472

Gedrechselte schwarz gebeizte Holzscheibe mit eingetieftem Fond und breitem profilierten Rand mit aufgemalter Inschrift in Gold. Im Fond Johann Friedrich der Großmütige von Sachsen (1503—1554), Brustbild nach rechts.

Ahorn, Stuck, gefaßt. Dm. 4,5 cm. S. 0,95 cm. — Oben drei kleinere Ausbrüche. Die Inschrift fast völlig vergangen.

Erworben vor 1883.

Unter den im Bayerischen Nationalmuseum erhaltenen Brettsteinen dieser Gruppe (Kat. Nr. 85—123) ist dies der einzige Stein einer schwarzen Partei. Ob er zu einem Spiel mit den Nrn. 85—109 gehört, läßt sich nicht mit Sicherheit sagen, zumal er sich von diesen durch das ebenfalls gefaßte Gesicht unterscheidet.

AUGSBURG, UM 1535
DREI BRETTSTEINE

In Form und Technik den vorigen weitgehend entsprechend.

111. DEV GRACIA · CAESSAR · FREDERICHVS 26/14

Friedrich III. (1415—1493), nach rechts. — Rechts größerer Ausbruch, Risse in der Büste.

Literatur: Augsburger Renaissance-Ausstellung Nr. 534.

112. AME VOLANT · V · I D CESAREE · MAIES · AVLE · ET · PALATII · 30/1831

Dr. J. Ambrosius Volland (um 1472—1551) kaiserlicher Rat, nach rechts. — Stuckrelief verputzt.

Literatur: Augsburger Renaissance-Ausstellung Nr. 575.

113. AMBROSIVS · HECHSTENSIS 26/13

Ambrosius Höchstetter d. Ä., Augsburger Handelsherr, nach links.

Literatur: Augsburger Renaissance-Ausstellung Nr. 567.

Zwetschge, Stuck. Dm. 5,3—5,4 cm. S. 0,9 cm.

Erworben 1926 aus Kunsthandel Stuttgart (111 und 113) und 1930 aus Kunsthandel Berlin.

AUGSBURG, UM 1535
ZWEI BRETTSTEINE

In Form und Technik den vorigen weitgehend entsprechend, jedoch besonders feine und qualitätvolle Ausformungen.

114. CHRISTOPHORVS . FRIDERICHVS · COMES · DE · COLRV R 455

Christoph Friedrich von Zollern-Haigerloch, Reichserbkämmerer, nach links. Der Dargestellte war verheiratet mit Anna Rehlinger, der Schwester von Anna Regina Rehlinger (siehe Kat. Nr. 93).

Literatur: Augsburger Renaissance-Ausstellung Nr. 548.

115. ELISABETHA · REX · FERDINANDVS · DOCHTER R 454

Elisabeth von Polen († 1512), Halbprofil nach links. Die Dargestellte war die Tochter Ferdinand I., verheiratet mit Sigismund II. August von Polen.

Weißbuche, braun gebeizt, Stuck. Dm. 5 cm. S. 0,9 cm.

Erworben vor 1883.

AUGSBURG, UM 1535

116. AIN · GEMAHEL · GEORGE · ZVO · FRVNDTSPERG 26/15

Den vorigen in Form und Technik weitgehend entsprechend. Im Fond Anna von Lodron, seit 1519 verheiratet mit Georg von Frundsberg, nach links. Der Fond blau gefaßt. Nach der Medaille Habich 541. Vgl. Figdor IV, 274.

Ahorn, Stuck, gefaßt. Dm. 5,5 cm. S. 1,1 cm. — Fleckig.

Erworben 1926 aus Kunsthandel Stuttgart.

Durch den blau gefaßten Fond unterschied sich dieser Brettstein und die folgenden vermutlich von der Gegenpartei.

Literatur: Augsburger Renaissance-Ausstellung Nr. 557.

AUGSBURG, UM 1535
SECHS BRETTSTEINE

In Form und Technik den vorigen weitgehend entsprechend. Der Fond blau gefaßt.

117. MAXIMILION · CAESSAR · ET · FRIDERICH · DVX · SAXONIA 30/273

Maximilian I. (1459—1519) und Friedrich von Sachsen (1463—1525), nach rechts. — Haarrisse in den Gesichtern.

Literatur: Augsburger Renaissance-Ausstellung Nr. 535.

118. CHVONRADVS · IN · ROSEN 30/276

Kunz von der Rosen im Halbprofil nach links. (Vgl. Kat. Nr. 93) — Vgl. Figdor IV, 274.

Literatur: Augsburger Renaissance-Ausstellung Nr. 570.

119. ISABELLA VON PORTUGAL 30/274

Die Gemahlin Karl V. (verh. 1526, gest. 1539) nach links. — Gesicht und Brust stark berieben.

Literatur: Augsburger Renaissance-Ausstellung Nr. 538.

120. MARIA · REGINA · ET · CAESSARI · MAXIMILIONI · CANTATRIX 30/272

Maria von Ungarn, die Schwester Karl V. (verh. 1521, gest. 1558) und eine „Sängerin" Maximilians, nach rechts. — Zwei Bruchstellen am Rand.

Literatur: Augsburger Renaissance-Ausstellung Nr. 543.

121. CHRISTINA · NATTA · DVCISSA · DE · SAXONIAE 30/277

Christina von Sachsen (1505—1549), nach rechts — Risse im Stuck, Ergänzungen im Gesicht.

Literatur: Augsburger Renaissance-Ausstellung Nr. 546.

122. HVLDERICHVS · FVGGERVS · AVGVSTAE 30/275

Ulrich Fugger d. J. (1490—1525), Neffe Jacob Fuggers des Reichen, Halbprofil nach links. — Gesicht fehlerhaft, Fond am Rand fleckig.

Literatur: Fugger und Welser Nr. 234 b. — Augsburger Renaissance-Ausstellung Nr. 565. — Lieb, Fugger II, S. 325, Abb. 9.

Ahorn, teilweise gefaßt, Stuck. Dm. 5 cm. S. 1 cm.

Erworben 1930 aus Kunsthandel München. Ehem. in der Sammlung Brunander, Berlin. (Auktion Cassirer Helbing, Berlin Nov. 1919, Nr. 516.)

NORDOSTDEUTSCH, 16. JH.

123. BRETTSTEIN 22/60

Gedrehte Scheibe, in der Mitte eingetieft. Darin unter durchsichtiger Bernsteinscheibe Imperatorenrelief aus weißer Masse, umgeben von Perlkranz.

Bernstein. Dm. 3,5 cm. S. 0,8 cm. — Mehrfach bestoßen.

Erworben 1922 als Geschenk von Antiquar Schäfer, München.

GEPRÄGTE BRETTSTEINE

NÜRNBERG, MITTE 16. JH., LIENHART DANNER

Lienhart Danner (1497—1585), Schreiner, Schraubendrechsler und Mechaniker in Nürnberg, war der Erfinder von zahlreichen Maschinen (Brechschrauben, Buchdruckerpressen u. ä.) sowie des Prägens von Brettsteinen. Sein Prägestock war so eingerichtet, daß dem Stempel mit der Darstellung ringförmige weitere Stempel zugefügt werden konnten. Der innere Ring war mit einem Kranz, der äußere mit einer Inschrift versehen. Damit sind Variationsmöglichkeiten von kleineren zu größeren Brettsteinen gegeben, wobei Köpfe und Inschriften häufig wahllos gemischt werden.

Die vierundsechzig Brettsteine Danners im Bayerischen Nationalmuseum gehören zu sechs verschiedenen Serien. Für die einhundertachtundzwanzig Seiten fanden jedoch nur sechsundfünfzig verschiedene Stempel Verwendung. Nur in den seltensten Fällen handelt es sich jedoch um komplette Wiederholungen gleicher Vorder- und Rückseiten.

Dargestellt ist jeweils auf der einen Seite ein männlicher und auf der Gegenseite ein weiblicher antikischer Kopf. Nur in je einem Falle gehören beide Seiten dem gleichen Geschlecht an.

Ausgang für die Bestimmung der ganzen Gruppe ist der Brettstein Kat. Nr. 124, der voll bezeichnet ist. Der zugehörige Brettstein Nr. 125 weist auf der Vorder- wie Rückseite jeweils den gleichen Kopf auf wie die Kat. Nr. 137.

Zu Danner vgl.: Joh. Gabriel Doppelmayr, Historische Nachrichten von den Nürnbergischen Mathematicis und Künstlern. Nürnberg 1730, S. 294. — G. W. K. Lochner, Des Johann Neudorfer Nachrichten von Künstlern und Werkleuten. Wien 1875, S. 54 u. 213.

ZWEI BRETTSTEINE

Einfache Scheiben mit flach profiliertem Rand, darin Inschrift. Im vertieften Fond die Darstellung, umgeben von einem Kranz.

124. Vs. LEINHART · DANNER · ZV · NVRENBERG · R 1834

Eine Tanne

Rs. SCHREINER · VND · SCHRAVBENMACHER ·

Ein Hobel über zwei gekreuzten Schrauben.

125. Vs. C · GERMANICVS · CALIGVLA · IMPERATOR · R 1835

Rs. IVNIA · CLAVDILA · CAES · IMP · VXOR ·

Ahorn. Dm. 4,1 cm. S. 1 cm. — Berieben. Ursprünglich rot gefaßt, davon nur noch Spuren erhalten.

Erworben 1875.

Literatur: F. Fuhse, Aus der Plakettensammlung des Germanischen Nationalmuseums. In: Mitteilungen aus dem Germanischen Nationalmuseum 1896, S. 102.

126. 18 BRETTSTEINE R 1836—1853

Den vorigen entsprechend, jedoch ohne Inschrift. Im Fond jeweils ein antikischer Kopf.

Ahorn, 11 Stück schwarz gebeizt. — Die Prägungen nicht immer ganz sauber. Einige Steine abgerieben.

Erworben vor 1883.

127. 15 BRETTSTEINE R 1980—1994

Den vorigen völlig entsprechend, jedoch nicht zum gleichen Satz gehörig. Die dunklen Steine sind Wiederholungen von den hellen.

Ahorn, teilweise gebeizt. Dm. 3,5 cm. S. 1 cm.

Erworben vor 1883.

128. Vs. DIVVS · OCTAVIVS · AVGVSTVS · IMPER R 1854

Rs. LIVIA · DRVSILLA · AVGVSTI · IMP · VX

Den vorigen entsprechend, jedoch von Inschrift umgeben.

Ahorn, schwarz gebeizt, Dm. 4,4 cm. S. 0,9 cm. — Stark abgerieben.

Erworben vor 1883.

18 BRETTSTEINE

Dem vorigen vollkommen entsprechend.

129. Vs. TIBERIVS · CLAVDIVS · NERO · IMPERA · R 1855

Rs. AGRIPINA · M · AGRIPPAE · F · TIBERII · VXOR

Zweimal vorhanden (R 1867). Der Kopf der Rückseite entspricht außerdem einem Stein der Kat. Nr. 126.

89. Kat. Nr. 124, 125
126
128, 129

130. Vs. GERMANICVS · C · GERMA · CAES · PATER R 1856
Rs. AGRIPPINA · GER · VX IMP · GER · MATER
Zweimal vorhanden (R 1865).

131. Vs. AVLVS · VITELLIVS · IMPERTOR R 1857
Rs. · GALERIA · FVNDANA · A · VIT · IMP · VXOR ·
Der Kopf der Vorderseite entspricht einem Stein der Kat. Nr. 126.

132. Vs. TITVS · VESPASIANVS · IMP · AVGVST R 1858
Rs. ARRICIDIA · TERTVLIA · IMP · T · VESPA · VXOR
Die Köpfe beider Seiten begegnen auf drei Steinen der Kat. Nr. 126.

133. Vs. DOMITIANVS · IMPERATOR · AVGV- R 1859
Rs. DOMITIA · LONGINA · DOMIT · IMP ·VXOR

134. AVRELIVS · VERVS · COM · ANTONIVS R 1860
Rs. LVCILLA · MARCI · FILIA · AVR · COMMODI · VXOR ·

135. Vs. CONSTANTINVS · IMPERATOR · AVGVSTVS R 1861
Rs. · HELENA · REGIS · ANGLIAE · F · CONSTAN · VXOR ·
Zweimal vorhanden (R 1871).

136. Vs. · PHOCAS · CAESAR · AVGVSTUS · IMP · R 1862
Rs. LEONTIA · PHOC · IMPERATORIS · VXOR

137. Vs. LVC · CAESAR · C · CAES · DICTA · PATER R 1863
Rs. AVRELIA · C · CAESARIS · MATER
Vorder- und Rückseite begegnen mit anderer Inschrift an sechs weiteren Steinen.

138. Vs. OCTAVIVS · OCTAVII · IMP · PATER R 1864
Rs. ACCI · IVLIA · SOROR · C · CAES · OCTA · MA
Der Kopf der Rückseite entspricht drei Steinen der Kat. Nr. 126.

139. Vs. C · TIBERIVS · NERO · TIBERII · IMPER · PA R 1866
Rs. LIVIA · DRVSILA · TIBER · NERO · IMP · VXOR

140. Vs. TIBERIVS · CL · DRVSVS · IMPERAT R 1868
Rs. AGRIPPINA · GERMANICI · FILIA · TIBERII · I · V
Die Köpfe entsprechen drei Steinen der Kat. Nr. 126.

141. Vs. VESPASIANVS VESPAS IMP PATER R 1869
Rs. VESPASIA · POLIA · VESPASIA · IMP · MATER
Der Kopf der Vorderseite begegnet an fünf, derjenige der Rückseite an sechs weiteren Steinen.

142. Vs. IMPERATOR · TRAIANVS · HADRIANVS · AV R 1870
Rs. · PLOTINA · TRAIANI · IMPER · VXOR ·
Der Kopf der Rückseite begegnet an vier weiteren Steinen.

143. Vs. CONSTANTINVS · MAGNVS · IMP · AVGVS R 1872
Rs. FAVSTA · HERCVLI · FILIA · CONSTAN · M · VX
Der Kopf der Rückseite entspricht einem Stein der Kat. Nr. 126.

Ahorn, dunkel gebeizt. Dm. 4,5 cm. S. 0,9 cm. — Abgerieben.

Erworben vor 1883.

FÜNF BRETTSTEINE

Den vorigen entsprechend, in einen gedrechselten Holzring eingesetzt.

144. Vs. DOMITIVS · NERO · IMPER · TYRANNVS · TS R 1873
Rs. OCTAVIA . CLAVD · IMPER · FILIA · NERONIS VX
Der Kopf der Rückseite begegnet an vier weiteren Steinen.

145. Wiederholung von Kat. Nr. 142 R 1874

146. Vs. ANTONINVS · PIVS · IMPERATOR · AVG R 1875
Rs. FAVSTINA · AVGVSTA · ANTONINI · PII · VX
Der Kopf der Rückseite begegnet an drei weiteren Steinen.

147. Vs. CAIVS · IVLIVS · CAESAR · IMPERA R 1876
Rs. CORNELIA · CINNAE · FIL · C · CAES · VX
Der Kopf der Rückseite begegnet an sechs weiteren Steinen.

148. Vs. L · AVRELIVS · VERVS · COM · ANTONINVS R 1877
Rs. LVCILLA · MARCI · FILIA · AVR · COMMODI · VXOR
Die Köpfe der Vorder- und Rückseite begegnen an drei weiteren Steinen.

Ahorn, drei Steine schwarz, zwei braun gebeizt. Dm. 4,6 cm. S. 1 cm.

Erworben vor 1883.

FÜNF BRETTSTEINE

Den vorigen entsprechend, jedoch ohne Ring.

149. Wiederholung von Kat. Nr. 138 R 1878

150. Vs. DOMITANVS · IMPERATOR · AVGVSTVS · R 1879
Rs. DOMITIA · LONGINA · DOMIT · IMP · VXOR ·
Die Köpfe der Vorder- und Rückseite begegnen an sieben weiteren Steinen.

90. Kat. Nr. 150–153

91. Kat. Nr. 154, 155

92. Kat. Nr. 156, 157, 158

151. Vs. · SERGIVS · GALB · IMPER · AVGV-STVS · 29/168
Rs. LERIDA · GALBAE · IMPERATOR · VXOR
Die Köpfe der Vorder- und Rückseite begegnen an fünf weiteren Steinen.

152. AELIVS · HADRIANVS · HADRIAN · IMP · PATER 29/169
Rs. DOMITIA · PAVLINA · HADRIANI · IMP · MATER ·
Der Kopf der Vorderseite begegnet an einem zweiten Stein.

153. Vs. CAIVS · IVLIVS · CAESAR · IMPERA 29/170
Rs. · CORNELIA · CINNAE · FIL · C · CAFS · VXO ·
Der Kopf der Vorderseite begegnet an einem weiteren Stein.

Ahorn, schwarz gebeizt. Dm. 5,2 cm. S. 1,3 cm.

Erworben 1875 (Kat. Nr. 149 und 150) und 1929 als Geschenk der Brüder Brüschwiler, München.

DEUTSCHLAND, 1568
ZWEI BRETTSTEINE

154. Vs. Drei breite Spruchbänder: GVTE WORT / VND ALTE TREV / IST ICZVND / SELT-ZAM VND NEW. DRVM / HOF. ICH / SER HEL / F. MIR AV / S NOT / ER FAS VF GOTT / SCH / F R 1880
Ein Narr steht im Wasser und greift nach einem Reichsapfel (?), der in einer Muschel schwimmt. Links liegt ein Affe auf dem Rücken in einem Boot (?). Oben hängt ein ein Korb (Reise?) mit der Jahreszahl 1568, darunter eine Sanduhr.

Rs. Im Abschnitt: BACHVS · BIN · ICH · GE-NANT / ALLEN · FOLEN · BRVDER / WIT · VND · BRAIT · GAR / WOLBKANT
Bacchus auf einem Faß, links und rechts Bacchanten zwischen Früchten und Gewächs.

155. Vs. unten: ESOPVS / IIII R 1881
In der Mitte ein Baum, links ein Pfau, rechts ein nackter König. Die Rückseite entspricht der vorigen Katalognummer.

Ahorn, schwarz gebeizt. Dm. 4,6 cm. S. 0,9 cm.

Erworben vor 1883.

NÜRNBERG, 2. HÄLFTE 16. JH.
VIER BRETTSTEINE

156. Vs. Zwei Musikanten mit Dudelsack und Schalmei. R 1829/30
Rs. Tanzendes Paar, Rücken an Rücken.
Die gleiche Prägung ein zweites Mal vorhanden (12/171).

157. Vs. Tanzendes Paar, Seite an Seite R 1831/32
Rs. Tanzendes Paar, einander gegenüber

158. Vs. Schreitendes Paar R 1833

Kirschbaum, schwarz gebeizt, und Ahorn. Dm. 4,6 cm. S. 1,3 cm. — Vorder- und Rückseite sind voneinander getrennt. Von 158 fehlt die Rückseite. Oberfläche berieben.

Erworben vor 1883.

Als Vorbild dienten Stiche von Hans Sebald Beham von 1537 (Pl. 155, 157—160)

AUGSBURG, UM 1560/70
21 BRETTSTEINE

In relativ flachem Relief, grob geschnittene Darstellungen, z. T. nach Medaillenvorbildern. Jede Ausformung ist zweimal (in einem Fall dreimal) vorhanden, einmal in naturfarbenem Holz, einmal schwarz gebeizt.

159. Vs. OCTAVIA + CLAVDII + IMPERATOR + F + NERONIS + VXORVM + 12/200 u. 210
Octavia, Gemahlin des Kaisers Nero, gest. 62 n. C., Brustbild nach links.
Rs. Doppeladler mit Krone

159 160

161 162

163 164

165 166

167 168

93. Kat. Nr. 159–168

94. Kat. Nr. 169

160. Vs. FRIDERICH · III · ROMMANORVM · IMP · CAES 12/192 u. 202
Kaiser Friedrich III. (1415—1493, Kaiser 1440), Brustbild nach links.
Rs. WINTER
Eine alte Frau, vor einem Kaminfeuer sitzend.

161. Vs. DIVA · MARIA · DIWS · MAXIMILIAN · REG · BOHE · CONIVG · 12/195 u. 205
Brustbilder von Kaiser Maximilian II. (1527—1567) und seiner Gemahlin Maria, einer Tochter Karls V. (1528—1603) nach links. Nach der Medaille von Lorenz Rosenbaum (Habich 1489. Vgl. ferner Domanig, Österreich 101).
Rs. HERCVLS
Kniender Herkules, die Himmelskugel tragend.

162. Vs. PHILIPVSS · REX · HISCHPANIARVM 12/193 u. 203
Philipp der Schöne von Spanien, Brustbild nach links (1478—1506, Sohn Kaiser Maximilian I. und Maria von Burgund).
Rs. DER · MAI ·
Stehende nackte Frau mit kniendem Kind, im Hintergrund Blumen.

163. Vs. PHILIPPVS · REX · PRINC · HISPANIARVM · ETATIS · SVA · XXX 12/194 u. 204
Philipp II. von Spanien (1527—1598, König 1555), Brustbild nach rechts.
Rs. MAXIMILIANN · REG · BEOHEM · CONIVG ·
Wappen

164. Vs. IOANNS · FRIDERCVS · ELECTOR · DVX · SAXONIE · 12/196 u. 206
Kurfürst Johann Friedrich der Großmütige von Sachsen (1503—1554, König 1532—47), Brustbild, frontal. Nach den Medaillen von Hans Reinhart (Habich 1935 u. 1936).
Rs. Großes kursächsisches Wappen mit 3 Helmen.

165. Vs. FRIDERICVS · D · CO · PALATINUS · REHNI · SA · RO · IMPERR ·
12/197, 207 u. R 2003
Kurfürst Friedrich III. von der Pfalz (1515—1576), Brustbild nach rechts. Nach der 1559 datierten Medaille von Lorenz Rosenbaum (Habich 1502).
Rs. MERCVIR · D · GODER · B · B · I · GENAND · KVNIG · FIRSTEN · BEKAN ·
Eine nackte Frau auf dem Pegasus, reitet nach rechts durch ein Feuer. Links vom Pferd ein Pyr.

166. Vs. HIS QVI DILIGUNT 12/198 u. 208
(Denen, die lieben) Wappen des Bischofs von Augsburg, Otto Truchsess von Waldburg (1543—1573), zwischen den Schilden Pelikan mit Beischrift: SIC
Rs. HERCVLVS
Herkules mit der Säule

167. Vs. W · M · R · 31 / V · S · SOL Umschrift: D · SIBEN · F · KVNST · B · I · GENAND · D · HIMELS · GSTIRN · N · V · 12/199 u. 209
Sitzender Genius, mit einem Schild: darin: . . . GE/W. Unten der Augsburger Pyr.

Rs. IAM · ILLVSTRABIT · OMNIA ·
(Nun wird er alles erleuchten) Sonnenwagen.

168. Vs. HERBST 12/201 u. 211
Sitzende Frau, die in einen Weinstock greift.
Rs. DIE ZEIT SCHNITS
Stehende Frau mit Füllhorn und Sichel, zu Füßen Putten.

Ahorn, teilweise gebeizt. Dm. 4,7 cm. S. 1,2 cm. — Oberfläche berieben, teilweise rissig.

Erworben 1912 aus Privatbesitz Salzburg.

AUGSBURG, UM 1560/70

169. 23 BRETTSTEINE

R 1914—1918, 1962—1978, 1998

Von den gleichen Stempeln geprägt wie die vorigen, jedoch um einen mit Kreispunzen versehenen Rand erweitert. Mehrere Wiederholungen, es begegnen nur die zehn Prägungen der Katalognummern 159 bis 168.

Ahorn, teilweise gebeizt. Dm. 5,1 cm. S. 1,2 cm. — Schlechte Prägungen, stark abgerieben.

Erworben vor 1883.

Der Augsburger Pinienzapfen, der auf zwei Stempeln angebracht ist, legt eine Entstehung dieser beiden Brettsteinfolgen in Augsburg nahe. Die Erfindung Danners wurde also in Augsburg rasch übernommen. Wie sehr man sich an Danner anlehnte, zeigt der Stempel der Katalognummer 159. Die Qualität der Dannerschen Steine ist jedoch nicht erreicht. Auch kennt man offensichtlich die Ringstempel nicht. Um größere Steine herzustellen, bedient man sich der primitiven Punzung.

AUGSBURG, ENDE 17. JH.

16 BRETTSTEINE

Brettsteinfolge nach Medaillenstempel von Christoph Jakob Leherr (1647—1707) mit einfach profiliertem Rand.

170. Vs. PER CASVS · AD · PASSVS · 22/17
(Durch Fallen zum Gehen.) Ein beim Schlittschuhlaufen gestürzter Knabe.
Rs. NVNQVAM NIHIL .
(Niemals nichts.) Stehender Putto, in der Rechten eine brennende Lampe, aus der Linken fällt ein Würfel.

Literatur: Forster 634.

171. Vs. CONTICVISSE · DECET ·
22/18 u. 23/20, 7
(Es ziemt sich, zu schweigen.) Ein Putto mit Fisch hält den rechten Zeigefinger auf den Mund.
Rs. GARRVLA · LINGVA · NOCET
(Die geschwätzige Zunge schadet.) Ein Putto mit einem Vogel auf der Rechten, vor ihm eine Gans. — In zwei Exemplaren vorhanden.

Literatur: Forster 628.

172. Vs. VINO · PRVDENTIA · CONSTAT ·
22/19
(Dem Wein widersteht die Klugheit.) Bacchusknabe auf einem Faß, in der Rechten eine Minervastatuette, in der Linken einen Kelch.
Rs. BACCHARI · PRVDENTIA · NESCIT
(Die Klugheit weiß nichts von Trinkgelagen.) Taumelnder nackter Mann, in der Rechten eine Ähre, in der Linken einen Krug.

173. Vs. PROVIDE · ET · PRVDENTER 22/20
(Vorsichtig und klug.) Januskopf, links mit Feuer, rechts mit Brille.
Rs. SIC · COECVS · OBERRAT ·
(So irrt er blind herum.) Ein nackter Knabe mit verbundenen Augen stolpert über Steine.

Literatur: Forster 633.

174. Vs. SAT · LOCVLO · HAVT · OCVLO ·
22/21
(Genug für das Kästchen, nicht für das Auge.) Ein Putto öffnet eine Geldtruhe.
Rs. ARS SORTEM · CORRIGAT ASTV
(Die Geschicklichkeit möge mit List das Los

95. Kat. Nr. 170, 171
172, 173

bestimmen.) Zwei Kinder beim Brettspiel, das eine mit klagend erhobenen Armen.

Literatur: Forster 626.

175. Vs. CONSTANS · IN · LEVITATE · 22/22
(Beständig in der Flüchtigkeit.) Putto mit Mondsichel im Haar, in der Rechten Schilf, mit dem linken Fuß eine Kugel tretend.

Rs. NEC · TIMIDE · NEC · TVMIDE ·
(Weder ängstlich noch prahlerisch.) Ein Eber schnappt nach einem angreifenden Hund. Wiederholung Kat. Nr. 185.

Literatur: Forster 629.

176. Vs. AD · LAPSVM · TOLLITVR · 22/23
(Er wird erhöht bis er fällt.) Ein Knabe fällt beim Stelzenlaufen, da eine Stelze bricht.

Rs. MONSTRANT · INCENDIA · CRISTAE ·
(Sie zeigen das Feuer am Hals.) Zorniger Truthahn.

Literatur: Forster 622.

177. Vs. VOLVITVR · HVC · ILLVC · 22/24
(Es wird dahin und dorthin gerollt.) Fortuna treibt ein Rad nach rechts.

Rs. VIRTVS · CONTRARIA · FATO ·
(Die Tugend steht dem Geschick gegenüber.) Herkulesherme, vom Wind angeblasen.

Literatur: Forster 632.

178. Vs. IRA · FVROR · BREVIS · EST · 22/25
(Der Zorn ist eine kurze Raserei. Horaz Epist. I 2, 62.) Ein nach links stürzender Mann mit Fackel und Dolch.

Rs. NEC · VERBO, NEC · LAEDERE · FACTO ·
(Man soll weder durch das Wort noch durch die Tat verletzen.) Nemesis hält ein Zaumzeug.

Literatur: Forster 627.

96. Kat. Nr. 183
siehe auch Abb. 97

174 175

176 177

178 179

180 181

182 183

184 185

97. Kat. Nr. 174–185

179. Vs. INCIDIT · IN · SCYLLAM 22/26
(Er gerät in die Scylla.) Scylla mit ihren vier Hunden.
Rs. MINVS · ELIGENDVM ·
(Das kleinere Übel wählen.) Eine Kogge im Sturm, die Ladung wird geleichtert.
Literatur: Forster 620.

180. Vs. PERFER ET OBDURA . 22/27
(Sei hart im Ertragen.) Ein Mann wird von einem Engel gegeißelt.
Rs. GRATA · SVPER · VENIET
(Wohlgefälliges wird über Dich kommen.) Ein Engel vor einem Garten mit Blumen und Früchtekorb.
Literatur: Forster 621.

181. Vs. PRAEVENIRE · MELIVS · 22/28
(Es ist besser zuvorzukommen.) Zwei Pferde in einer Rennbahn.
Rs. SOLI · CONCEDITVR · VNI
(Es wird nur einem einzigen zuerkannt.) Zweirädriger Wagen, dessen vorderes Rad durch einen Palmzweig an der Nabe gehalten wird. In zwei Exemplaren vorhanden (23/20a).
Literatur: Forster 630.

182. Vs. SOCIETAS · DISPAR · 22/29
(Eine ungleiche Gemeinschaft.) Löwe von spielenden Hasen umgeben.
Rs. NON · TEMNERE · PARVOS ·
(Verachte nicht die Kleinen.) Ein Skarabäus fliegt gegen einen Adler.
Literatur: Forster 631.

183. Vs. FREQVENS · TIBI · DISSIPAT · AVRVM · 22/30
(Oft verschleudert es dir das Gold.) Eine Hand mit zerrissenem Ärmel hält einen leeren Geldbeutel über ein Brettspiel.
Rs. FERT · PRAEMIA · FAVSTA ·
(Es trägt einen glücklichen Preis.) Geflügelter Hut mit Würfel über einem gedeckten Tisch mit Kranz und Blume.
Literatur: Forster 623.

184. Vs. FRONTE · CAPILLATA · EST · R 1923
(An der Stirn ist sie behaart = Die Gelegenheit beim Schopfe packen.) Occasio, auf geflügelter Kugel, wird von einem Mann an den Haaren gegriffen.
Rs. POST · HAEC · OCCASIO · CALVA ·
(Hinten ist die Gelegenheit kahl = Man muß die Gelegenheit von vorne packen.) Occasio mit Segel entschwebt nach rechts. Links im Hintergrund ein Mann mit erhobenen Armen.

185. Vs. INVIDEAT · ET · VIDEAT · 23/20, 6
(Er möge beneiden und sehen.) Ein Hund, der den Mond anjault.
Rs. Wiederholung der Rs. von Kat. Nr. 175. — In zwei Exemplaren vorhanden (43/254).
Literatur: Forster 629.
Ahorn. Dm. 5,8 cm. S. 1,3 cm.
Erworben 1922 aus Kunsthandel München.

Leherr war von 1683—1707 in Augsburg als Medailleur tätig. Alle bekannten Medaillen seiner Hand sind CIL signiert. Die Zuschreibung dieser unsignierten Stempel an Leherr stammt von Forster. Von der Serie haben sich mehrere Folgen in Holz erhalten. Die Stempel dazu scheinen eigens für Brettsteine gefertigt, die Ausprägung erfolgte wohl in der Werkstätte des Stempelschneiders.

NÜRNBERG, ENDE 17. JH.
ZWEI BRETTSTEINE

Breiter Rand mit feinem einfachen Profil zur Innenseite. Der Stempel des einen Steins 1678 datiert, der des andern von Martin Brunner (1659—1725), Nürnberg.

186. Vs. LEOPOLDVS · AVG · IMP · CAESAR · P · F · R 2038
Kaiser Leopold I. (1640—1705), Brustbild nach rechts.
Rs. ELEONORA · MAG · (TER)ES · C · P · R · B · I · C · F · M · D · ROM · IMPERAT ·
Im Abschnitt: 1678. Eleonora Magdalena von Neuburg (1655—1720, seit 1676 dritte Gemahlin Leopold I.), Brustbild nach links.

98. Kat. Nr. 186, 187

99. Kat. Nr. 189, 190

100. Kat. Nr. 188

Vorder- und Rückseite sind leicht vergröberte Wiederholungen der Medaille Philipp Heinrich Müllers (Domanig, Österreich 198 und 214).

187. Vs. IVNGITVR HAC TRIGA NORIS INTVS ET FORIS R 2039

(Durch diese Dreiheit wird Nürnberg innen und außen verbunden.) Die Gestalten von Weisheit, Glaube und Gerechtigkeit.

Rs. FRVITVR · HONORE · ARTE · ET · LABORE · (Es gedeiht durch Ehre, Kunst und Arbeit.) Auf den Blättern eines Kleeblatts das große und das kleine Wappen von Nürnberg, oben der Reichsadler. Darüber Schriftband: SVB HOC FLORE (Unter dieser Blume). Breiter Kranz aus wissenschaftlichen Instrumenten, Kriegsgerät, Malutensilien etc. Beide Seiten signiert: MB (ligiert).

Ahorn, schwarz. Dm. 5,8 cm. S. 1,2 cm. — Beide Seiten von Kat. Nr. 186 stark angeschlagen (Stempelriß?).

Erworben 1885.

NÜRNBERG, NACH 1683

188. Vs. INNOCENTIVS XI . PONT : MAXIMVS . R 1929

Innozenz XI., 1611—1689, Papst 1676. Nach einer Medaille bei Bonanni II, S. 737, I, auf den Sieg über die Türken bei Parkany, 1683, von Martin Brunner.

Rs. FIDEM TRANSVEXIT AD INDOS

(Er brachte den Glauben zu den Indern.) Der hl. Franz predigt vor Eingeborenen. Beide Seiten signiert: MB (ligiert).

Erworben vor 1883.

Literatur: Koehler IV, S. 41. — Goppel-Plum 5891 (Brettstein mit Vorderseite wie Kat. Nr. 268).

NÜRNBERG, ENDE 17. JH.
ZWEI BRETTSTEINE

Die geprägten Darstellungen sind in einen für sich gedrechselten Ring mit breiter Profilierung an der Innenseite eingesetzt.

189. Vs. GVILH · III · D · G · PRIN · AVR · HOL · ET · WES · GV · R 1924
Wilhelm III. von Oranien, 1650—1702, 1672 Erbstatthalter der Niederlande, 1689 König von England.
Rs. SALVS IVSTORUM A IEHOVA CS
(Das Heil der Gerechten kommt von Gott.) Der hl. Georg im Kampf mit dem Drachen.

190. Vs. CAROLUS · XI · D · G · REX · SVECIAE · R 1925
Karl XI. von Schweden, 1655—1697, König 1672.
Rs. HIC . FERIT, ILLE TEGIT .
(Dieser schlägt, jener schützt.) Steigender Löwe mit Schwert und Schild.
Zwetschge. Dm. 5,8 cm. S. 1,3 cm.
Erworben vor 1883.

NÜRNBERG, ENDE 17. JH.
FÜNF BRETTSTEINE

mit Stempeln von Philipp Heinrich Müller (1650—1718) geprägt.

191. Vs. ERN · RVDI · COM · STARR · SCM · C · C · B · GCM · VIENN · COM 22/40
Ernst Rüdiger Graf Starhemberg, 1638 bis 1701. Im Armabschnitt signiert: P·H·M·
Rs. WIEN 60 TAGE / LANG DIE GRÖSTE / WUHT AUSHIELTE / MACHT DAS DER TURK ZELT / GELD, FELD, STÜCK U. GLÜCK / 16. VERSPIELTE . 83
Ein gefesselter Türke und Trophäen
Literatur: Koehler XXI, S. 185. — Domanig 484. — Hirsch 37. — Forster 638.

192. Vs. JOHAN · GEORG · III · D· G · ELECT · SAX 22/37
Johann Georg III. von Sachsen (1647 bis 1691) trat 1688 dem Krieg gegen Frankreich bei. Im Abschnitt: PRESSIS SUCURRERE FAS EST (Es ist gerecht, den Unterdrückten beizustehen.) Im Armabschnitt signiert: P · H · M ·
Rs. VINDICAT IMPERIVM ·
(Er beschützt das Reich.) Über dem Flußgott Donau eine türkische Trophäe, über dem Rhein eine französische. Oben die sächsischen gekreuzten Schwerter mit Beischrift: SOLIS AD OCCASVM / SOLIS AD ORTVM (Gegen Sonnenaufgang, gegen Sonnenuntergang.) Wiederholung Kat. Nr. 198, s. auch nach Kat. Nr. 225.
Literatur: van Loon III, S. 364. — Forster 841.

193. Vs. GVILIELMVS REX ANGL · SCOT · FRANC · ET · HYBERN · 22/39
Unten: PATRIAE DECVS ANGLIAE PRAESIDVM
(Die Zierde der Heimat, der Schutz Englands.) Wilhelm III. von England (1650 bis 1702), Brustbild nach rechts, mit Lorbeerkranz. Am Schulterabschnitt signiert: P H M
Rs. TE SERVATORE NON SERVIMUS.
(Unter deinem Schutz gibt es keine Knechtschaft.) Unten: RESTITUTORI / BRITANNIAE / 1689. (Dem Wiederhersteller Britanniens.) Britannia reicht dem König die Hand. Im Hintergrund die Religion mit aufgeschla-

101. Kat. Nr. 195
siehe auch Abb. 102

102. Kat. Nr. 191, 192
194, 193
195

genem Buch: VERB / DEI / MAN/ET IN / AE/TER/NVM. (Das Wort Gottes bleibt in Ewigkeit.) Rechts die Freiheit mit Stab und Hut, Füllhorn und Blatt mit Aufschrift: „est".

Die Medaille wurde geprägt auf die Thronbesteigung Wilhelms III. von England 1689.

Literatur: Forster 659.

194. Vs. FRIDERICVS MARESCHALCVS SCHOMBERG · & · 22/38

Friedrich von Schomberg (1615—1690) im Viertelprofil nach rechts. Schomberg kam mit Wilhelm nach England und wurde Oberbefehlshaber aller englischen Truppen. 1689 zum Herzog erhoben und nach Irland entsandt, um gegen Jakob II. zu kämpfen. In der Schlacht am Boyne führte er die siegreiche Entscheidung herbei, wurde jedoch durch einen Irrtum durch seine eigenen Truppen getötet. Im Armabschnitt signiert: P·H·M

Rs. PLANTAVIT UBIQUE FERACEM

(Was er pflanzte trug Früchte.) Friedrich von Schomberg als Herkules, der seine Keule einpflanzt und sie Merkur widmet, worauf sie in einen Olivenbaum verwandelt wurde, stützt sich mit der Linken auf einen Schild mit dem Christusmonogramm. Am Boden ein Geldsack und eine Krone, rechts Lorbeerranke mit den 5 Wappen der Länder, in denen er gesiegt hat: Irland, Polen, Pfalz, Deutschland, Frankreich. Im Abschnitt: CONTINVATIS TRIVMPHIS / OBDVRATA IN DEVM FIDE / IN HIBER MILITANT / 1690 (In dauerndem Triumph, in stetem Gottesglauben kämpfen sie in Irland.) Wiederholung der Rs. Kat. Nr. 197.

Die Medaille wurde geprägt auf den Tod des Marschalls Friedrich vom Schomberg in der Schlacht am Boyne 1690.

Literatur: Forster 669. — Franks-Grueber LXXX, 6.

195. VIGILI NIMIVM NE CREDE SOPORI 23/20, 5

(Trau weder dem Wachen noch dem Schläfer.) Ein auf einem Ährenbündel schlafen-

103. Kat. Nr. 196

104. Kat. Nr. 197, 198

der Löwe. An den Ähren pickt ein Hahn. Rs. TRAU NICHT / DEM APPETIT, / DIE KÖRNER AUS / ZU PICKEN / ES KONTE DIR DIE / LUST / IN EINER KLAU / ERSTICKEN. Wiederholung s. nach Kat. Nr. 225, vgl. auch Kat. Nr. 233 u. 290.

Ahorn, schwarz. Dm. 5,8 cm. S. 1,2 cm.

Erworben 1922 aus Kunsthandel München.

NÜRNBERG, ENDE 17. JH.

196. Vs. VNO SPLENDORE CORVSCANT NN 1163

(Sie strahlen in gemeinsamem Glanze.) Drei gekrönte Medaillons von einem Engel gehalten, darüber drei Sonnen. In den Medaillons Brustbilder mit Umschrift: LEOPOLDVS · MAG · ROM · IMP . — IOSEPHVS · I . REX ROM: — ELEON · MAGD · THER · ROM · IMP · Im Abschnitt: A DEO CORONATIS / VITA ET VICTORIA / MDCXC. (Leben und Sieg den von Gott gekrönten.)

Rs. BENEDICTIONES PATRIS IOSEPHI / CONFORTATAE SUNT BENE- / DICTIONIBUS PATRUM / EIUS GEN. 49 V. 26. (Die Segen deines Vaters gehen stärker, denn die Segen meiner Voreltern.) Pannonia, Germania und Bohemia, auf ihre Wappenschilde gestützt. Beide Seiten signiert: P·H·M· — Wiederholung s. nach Kat. Nr. 225.

Zwetschge. Dm. 5,8 cm. S. 1,3 cm.

Erworben vor 1883.

Geprägt mit den Stempeln Philipp Heinrich Müllers zu einer Medaille auf die Krönung Joseph I. zum römischen König in Augsburg, 1690.

Literatur: Forster 662.

NÜRNBERG, ENDE 17. JH. ZWEI BRETTSTEINE

Die mit nicht zusammengehörigen Stempeln Philipp Heinrich Müllers geprägten Darstellungen in einen für sich gedrechselten, an der Innenseite fein profilierten Ring eingesetzt.

197. Vs. IN PROLEM TRANSCURRIT GLORIA PATRUM R 1921

(Der Ruhm der Väter überträgt sich auf die Nachkommen.) Germania krönt, assistiert von Pannonia und Bohemia, Joseph I. zum römischen König. Im Abschnitt: INAVGVR . AVGVSTAE / VINDELIC . D . 26. IAN./ MDCXC. Signiert P.H.M.

Rs. Wiederholung der Rs von Kat. Nr. 194.

105. Kat. Nr. 199, 200
201, 202
203, 204
205, 206
207

198. Vs. SIC ASSVETA TVIS SEMPER VICTORIA CASTRIS R 1999
(Möge sich der gewohnte Sieg immer an deine Fahnen heften.) Die Stadtgöttin von Großwardein übergibt Kaiser Leopold I. die Stadtschlüssel. Im Abschnitt: VARADINVM RECEPTVM / DIE V . IVNI . / MDCXCII.
Rs. Wiederholung der Rs. von Kat. Nr. 192.

Literatur: Forster 677.
Birnbaum. Dm. 5,9 cm. S. 1,1 cm.
Erworben 1885.

NÜRNBERG, ENDE 17. JH.
DREI BRETTSTEINE
Mit Stempeln Philipp Heinrich Müllers

geprägt, der Rand an der Innenseite vielfach profiliert.

199. Vs. MAXIMILIAN EMANUEL ELECTOR BAVARIAE R 1901
Max Emanuel von Bayern als Feldherr, Brustbild nach rechts. In der Armöffnung signiert: P H M

Rs. MAXIMUS INTRA ME DEUS EST (In mir ist der höchste Gott.) Unten: PRECIUM ET CURA LABORIS (Preis der Arbeit.) — Der bayerische Löwe über den Wappen von Köln und Bayern.

Die Medaille wurde geprägt auf den Beistand, den Max Emanuel von Bayern seinem Bruder Joseph Clemens von Köln 1689 gegen Frankreich geleistet hat. — Wiederholung s. nach Kat. Nr. 225.

Literatur: Forster 834. — Weiler 27.

200. Vs. CHRISTIANUS ERN . D . G . M . BR . S . C . M . CAMPIMARESCHALLUS R 1902
Christian Ernst zu Brandenburg-Bayreuth im Harnisch, Brustbild nach rechts.

Rs. A IOVE PRO IOVE NEC BRVTA
(Mit Gott, für Gott, mit Vernunft.) Unten: MDCXCI. Aufmarschierende Truppen, vorne große Säule mit Aufschrift: VIRTUTI DUCIS, darüber Adler. Signiert PHM

Literatur: Forster 671.

201. Vs. MAX. EMA. DG. EL. BAV. BELC. HISP. GUBERN. PERPET R 1903
Max Emanuel von Bayern im Harnisch, Brustbild nach rechts. Signiert P·H·M·

Rs. ADVENTVS PRINCIPIS OPTIMI DESIDERATISSIMVS (Die heißersehnte Ankunft des besten Fürsten.)
Unten: ASSERTORI FELICITATIS / PVBL · OBSVSCEPT · BELG · / REGIMEN · / MDCXCII (Dem Retter des Staatsglücks, der die Herrschaft über Belgien übernommen hat.) Die gekrönte Belgia huldigt Max Emanuel, der von links heranreitet. Ein fliegender Genius krönt ihn mit Lorbeerkranz.

Geprägt auf den Einzug Max Emanuels von Bayern als Gouverneur in den Niederlanden 1692.

Literatur: Forster 678.

Zwetschge. Dm. 5,9 cm. S. 1,2 cm.

Erworben 1875.

NÜRNBERG, ENDE 17. JH. DREI BRETTSTEINE

Schmaler glatter Rand mit breiter Profilierung nach innen.

202. Vs. IOAN: III D . G . REX POLONIARUM 43/253
Johann III. Sobieski von Polen, 1624 bis 1696, König 1674.

Rs. NEC LUNA DUABUS
(Selbst der Mond widersteht nicht diesen beiden.) Der Reichsadler und der polnische Adler zerbrechen den türkischen Halbmond. Unten Ansicht Wiens. Im Abschnitt in ovaler Reserve: VIENNA · LIBE · / RATA A. 1683 / DIE 12 SEPT.

Literatur: Hirsch 26. Vgl. auch Raczynski 224.

203. Vs. eXItIVM tVrCI ANNOTAT ALBA reDVX 43/252
(Die Rückgewinnung von Stuhlweißenburg zeigt den Untergang der Türkei an.) Aufsicht auf Stuhlweißenburg mit aufgehender Sonne und untergehendem Halbmond. Beischrift: LUNA SVB VMBRAS. Im Abschnitt: ALBA REGALIS RE- / CVPERATA 9/19 MAI / 1688.

Rs. eX VOTO hVNGARIAM sVBIGIs LEOPOLDE LEVASQVE
(Du Leopold unterwirfst Ungarn und erhebst es zugleich.) Kaiser Leopold I. (1640 bis 1705) und sein Sohn König Joseph (1678—1711) in einem von Adlern gezogenen Triumphwagen über gefallene Türken fahrend, gekrönt von Victoria.

Geprägt mit Stempeln einer Medaille Philipp Heinrich Müllers auf die Eroberung von Stuhlweißenburg, 1688. — Wiederholung s. nach Kat. Nr. 225.

Literatur: Forster 648. — Goppel-Plum 5882.

204. Vs. LVDOV · WILH · DG · MARCH · BAD · HOCHB · S · C · M · GENER · LOCVMT · CAMPIMARISC · 43/251
Ludwig Wilhelm von Baden, 1655—1707. Unten signiert: P·H·M·
Rs. VT LVNAE, SIC SISTE GRADVM, NVNC, IOSVA! SOLIS
(So wie den Mond, halte nun, Josua, den Lauf der Sonne auf.) Der Markgraf als antiker Held, die Rechte zur Sonne erhoben, von einem Genius gekrönt. Vor ihm der gefesselte Rhein mit flehend erhobenen Armen. Rechts der untergehende Mond. (Anspielung auf Josua 10, 12—13, den Sonnenkönig und den türkischen Halbmond.) Im Abschnitt: MARS BISVLTOR, VICTOR TVRCAR · / PERPETUUS EXPEDITIONEM / CONTRA GALLOS AD RHENUM / AGGREDITUR ·/· 1693 · (Mars, der Doppelrächer, immer Sieger über die Türken, nimmt den Feldzug gegen die Franzosen am Rhein auf.)

Geprägt mit Stempeln Philipp Heinrich Müllers auf die Übernahme des Oberbefehls am Rhein durch Ludwig Wilhelm, 1693.

Literatur: Koehler V, S. 51. — Forster 684. — Ausstellung Türkenlouis 381, 388. — F. Wielandt, Münzen und Medaillen zur Geschichte des Türkenlouis. In: Zeitsch. f. d. Geschichte d. Oberrheins 118. 1970, S. 329, Nr. 15.

Ahorn, schwarz. Dm. 5,7 cm. S. 1,3 cm.

Erworben 1943 als Vermächtnis von Prof Dr. E. von Bassermann-Jordan, München.

NÜRNBERG, ENDE 17. JH. ZWEI BRETTSTEINE
mit breitem kräftig profilierten Rand

205. Vs. STRENAE GALLICAE 23/20,17
(Das französische Neujahrsgeschenk.) Ansicht von Rheinfels. Im Abschnitt: REINFELS FRUSTRA OBSESS . / LIBERAT . DIE 2. IAN. / · 1693 · (Das vergeblich belagerte Rheinfels wird am 2. Januar 1693 entsetzt.)
Rs. HABET ET GERMANIA METAS
(Auch Deutschland hat ein Ziel.) Zwischen zwei Säulen der Flußgott Rhein. An der linken Basis signiert: P H M

Geprägt mit den Stempeln Philipp Heinrich Müllers für eine Medaille auf den Entsatz von Rheinfels, 1693.

Literatur: Koehler XVI, S. 97. — Forster 683.

206. Vs. URBES ASPICIT ACCENSAS: NEC TANTOS SUSTINET AESTUS 23/20,19
(Er sieht seine Städt brennen und kann das Feuer nicht löschen.) Beschießung der französischen Küste durch die englische Flotte. Im Abschnitt: VIBRATA IN MARITIMAS / GALLIAE URBES / FULMINA · / · 1694 · (Die Blitze sind auf die französischen Küstenstädte gerichtet.)
Rs. IOVI TONANTI
(Dem donnernden Jupiter.) Wilhelm III. von Oranien (1650—1702, König 1689) als Jupiter. Im Abschnitt: GUILIELMO III · D · G · M · BRITANN · / REGI ·

Geprägt mit den Stempeln Philipp Heinrich Müllers für eine Medaille auf die Beschießung der französischen Küste durch die Engländer, 1694. — Wiederholung Kat. Nr. 207.

Literatur: van Loon IV, 167. — Franks-Grueber XCVI, 2. — Forster 688.

Ahorn. Dm. 5,7 cm. S. 1,2 cm.

Erworben 1923 aus Kunsthandel Straubing.

NÜRNBERG, GEGEN 1700 ZWEI BRETTSTEINE
mit schmalem Rand, einfacher Profilierung nach innen.

207. Vs. FRIED : WILH : DG . / MARC : BR : ET ELECTOR R 1919
Friedrich Wilhelm von Brandenburg, der Große Kurfürst, 1620—1658, Kurfürst 1640. Im Armabschnitt signiert: MB (ligiert).
Rs. CAROLVS · II · DG · MAG · B · F · E · H · REX
Karl II. von England, 1630—1685, zum König ausgerufen 1643, regierte seit 1660.

Die Vorderseite geprägt mit einem Stempel von Martin Brunner, die Rückseite nach einer Medaille George Browers von 1662 (Franks-Grueber XLVII, 4).

Der zugehörige zweite Brettstein (R 1926) entspricht der Kat. Nr. 206.

Ahorn und Birnbaum. Dm. 5,8 cm. S. 1,2 cm.
Erworben 1875.

NÜRNBERG, UM 1700
24 BRETTSTEINE
mit schmalem Rand, einfacher Profilierung nach innen. 9 Steine hell, 15 Steine schwarz.

208. Vs. FORTVNATA . QVIES 22/16
(Glückliche Ruhe.) Ruhender Jüngling, auf einen Bienenkorb gestützt, mit Laute und Füllhorn. Unter dem linken Bein 1679.
Rs. REGEM TE POSCIMVS OMNES
(Wir alle fordern dich als König.) Ein großer Baum, über dem eine Krone schwebt. Er überragt kleinere Bäume.

Die Vorderseite bezieht sich auf den Frieden von St. Germain 1679.

209. Vs. GRIEGISCH WEISSENBURG 23/20,9
Ansicht von Stuhlweißenburg. Im Abschnitt: IST IN TÜRKISCHE GEWALT / GERATEN · AO · CHRI : 1521 / VON DEN CHRISTEN MIT / STÜRMENDER HAND / EROBERT · 1688 ·/ D · 6 · SEPT :

106. Kat. Nr. 225
siehe auch Abb. 108

107. Kat. Nr. 208–213

214 215

216 217

218 219

220 221

222 223

224 225

108. Kat. Nr. 214–225

Rs. IMbeLLes tVrCos CrVX atqVe eCCLesIa VInCVnt (= 1688)
(Kreuz und Kirche besiegen die kraftlosen Türken.) Ein Türke, besiegt vom Christentum: Ecclesia, auf der Brust eine Sonne, in der Rechten ein Kreuz mit Beischrift: IN HOC SIGNO

Geprägt mit Stempeln Philipp Heinrich Müllers für eine Medaille auf die Eroberung von Stuhlweißenburg 1688.

Literatur: Forster 646. — Goppel-Plum 5881 (Brettstein mit Vergoldung).

210. Vs. ET STABVLO ET CAMPO DEPVLSVS LVSTRA REQVIRIT 23/20,2
(Von Stall und Feld vertrieben, zieht er sich in die Sümpfe zurück.) Der Reichsadler schleudert einen Blitz auf einen Wolf.

Rs. DEM; DER NACH SCHATTEN SCHNAPT / ENTFELT SEIN EIGNER BISSEN. / DER WIEN IHM EINGEBILDT. / MUS NUN GANZ UNGARN MISSEN
Dem Hund auf der Brücke entfällt der Knochen, da er nach dem Knochen des Spiegelbildes schnappen will.

Geprägt mit Stempeln für zwei verschiedene Medaillen. Die Rs. von einer Medaille Philipp Heinrich Müllers auf die Eroberung von Stuhlweißenburg und Belgrad 1688.

Literatur: Weifert 2. — Forster 647.

211. Vs. FRIDERIC · III · D · G · ELECTOR BRAND & · / CONTERES EOS IN VIRGA FERREA · PS · II · 9 · 23/20,22
(Du sollst sie mit eisernem Zepter zerschmettern.) Friedrich III. Kurfürst von Brandenburg (1657—1713), Brustbild nach rechts. Signiert: P·H·M·

Rs. BONO REDIT OMINE BONNA ·
(Bonn wieder unter gutem Omen.) Beschießung von Bonn.

Geprägt mit Stempeln Philipp Heinrich Müllers für eine Medaille auf die Eroberung Bonns 1689.

Literatur: Forster 827. — Weiler 44.

212. Vs. MOGVNTIACVM · 23/20,11
Im Abschnitt: GALLORVM FRAVDE ERE- / PTVM VIRTVS GERMA- / NORVM RESTITVIT / A 1689
(Was durch den Betrug der Franzosen entrissen worden war, stellte die Tapferkeit der Deutschen wieder her.) Beschießung von Mainz.

Rs. COMPESCET IGNIBVS IGNES · / INCENDIT QVACVNQVE INCEDIT ·
(Feuer hält er mit Feuer in Schranken. Er entflammt, was auch immer er anzündet.) Der Sturz des Phaeton, links oben der blitzeschleudernde Adler.

Geprägt mit Stempeln Philipp Heinrich Müllers für eine Medaille auf die Eroberung von Mainz 1689.

Literatur: Forster 652.

213. Vs. FIDEI TRIUMPHIS · 23/20,24
(Für den Triumph der Treue.) Ferdinand von Medici (?) sitzt als antiker Herrscher auf erhöhtem Thron und hält Heerschau. Signiert: P·H·M·

Rs. SIC VNDIQUE FLORET ·
(Überall in größtem Ansehen.) 3 Wappenschilde, in der Mitte Toscana, links Kurpfalz, rechts Bayern.

Geprägt mit Stempeln Philipp Heinrich Müllers für eine Medaille auf die Vermählung der bayerischen Prinzessin Violanta Beatrix (1673 bis 1713), der jüngsten Tochter Ferdinand Marias von Bayern, mit Ferdinand, Erbprinz von Toscana (1663—1713), 1689.

Literatur: Forster, 840. — Vs. Franks-Grueber LXXXVII, 8 (Rs.) dort u. U. mit William in Verbindung gebracht.

214. Vs. IOSEPHVS · DG · ROMANORVM ET HVNGARIAE REX · 23/20, 8
Kaiser Josef, Brustbild nach rechts, darunter 2 Adler, die ein Tuch mit Inschrift halten: VIVat IosephVs! / teVtonIae reX et / DeLICIVM (= 1690) (Es lebe Josef der König und Liebling Deutschlands.)

Rs. IN PROLEM TRANSCURRIT GLORIA PATRUM

(Der Ruhm der Väter überträgt sich auf die Nachkommen.) Im Abschnitt: INAVGVR. AVGVSTAE / VINDELIC . D . 26 IAN / MDCXC Die Germania krönt Joseph mit der Kaiserkrone, seitlich Bohemia und Hungaria mit ihren Kronen. Signiert: ·P·H·M·

Geprägt mit Stempeln Philipp Heinrich Müllers für eine Medaille auf die Krönung Joseph I. zum römischen König in Augsburg, 1690.

Literatur: Forster 72.

215. Vs. POST XC ANNOS IVGVM TVRCICVM / EXCVTIENS CANISIA SVG IPSVM / VERIS INITIVM VBEREM VICTO- / RIARVM SEGETEM POLLICE / TVR LEOPOLDO & / IOSEPHO / MDCXC . 23/20, 13

(Nachdem Kanizsa das 90jährige türkische Joch abgeschüttelt, verheißt es Leopold und Joseph noch in diesem Frühling eine üppige Saat der Siege.) Ansicht von Kanizsa. Oben ein Genius mit Spruchband: CANISIA

Rs. NOVOS GAVDENS SPONDERE TRIVMPHOS (In der Freude werden neue Triumphe versprochen.) Im Abschnitt: VICTAS DEDIT MANVS / d · 13 · April. (Er gab uns den Sieg über die Truppen.) Kaiser Leopold als römischer Feldherr mit dem Labarum, dem Feldzeichen Kaiser Constantins mit dem Christusmonogramm, und Victoriastatuette. Vor ihm kniet ein Türke mit den Stadtschlüsseln. Signiert: P·H·M·

Geprägt mit Stempeln Philipp Heinrich Müllers für eine Medaille auf die Wiedereroberung von Kanizsa 1698.

Literatur: Forster 667.

216. Vs. INGENTES ANIMO, DIGNAS IOVE CONCIPIT IRAS / CONCILIUMQVE VOCAT . 23/20, 14

(Ein Zorn so groß als er hält Jovis Sinnen fest: Daß er der Götter Rat zusammenrufen läßt. (Ovid I, Fab. VII, V. 4, 5.): — Im Abschnitt: CONVENTVS FOEDERAT · PRINCIP · / PRAESIDE GUILIELMO III · R · BRIT / HAGAE COMIT · CELEBR · / 1691 (Die unter dem Vorsitz des Königs Wilhelm III. von England im Haag 1691 gehaltene Zusammenkunft der alliierten Fürsten.) Götterversammlung. Signiert: ·P·H·M·

Rs. CONSILIO CONCORDIA ET FORTITVDINE (Mit Klugheit, Eintracht und Tapferkeit.) Tapferkeit und Eintracht reichen sich über einem Altar vor der Weisheit die Hände. Am Altar: SAL PVBL/S (Das Gemeinwohl ist das Höchste). Signiert: ·P·H·M·

Geprägt mit Stempeln Philipp Heinrich Müllers für eine Medaille auf den Fürstenkongreß im Haag 1691.

Literatur: Forster 672. — Lochner III, 81.

217. Vs. NON ILLI IMPERIVM; SED MIHI SORTE DATVM · 23/20, 15

(Nicht jenem, sondern mir ist durch das Schicksal dieses Reich bestimmt.) Im Abschnitt: GUILIELMO · III · M · BRIT · R · / OB IMPERIUM MARIS / ASSERT · (Wilhelm III. von Großbritannien für die Wiederherstellung der Oberherrschaft auf dem Meer.) Ludwig XIV. wird von Neptun aus seinem Meereswagen geschleudert. Im Hintergrund Schiffe. Signiert: P·H·M·

Rs. SE CONDET IN UNDAS.

(Er wird sich in den Wellen verbergen.) Im Abschnitt: DELETA AC INCENSA / GALLORUM CLASSE, / MDCXCII · (Die französische Flotte ist zerstört und verbrannt.) Siegesgenius in prächtiger Gondel, im Heck halten 2 Putten die Wappen von England und Holland. Signiert: P·H·M·

Geprägt mit Stempeln Philipp Heinrich Müllers für die Medaille auf den Sieg der verbündeten Engländer und Holländer über die französische Flotte bei La Hougue 1692.

Literatur: Forster 676. — Franks-Grueber LXXXIX, 2. — van Loon IV, S. 98.

218. Vs. LEOPOLDVS M · ROM · IMP + IOSEPHVS R · ET H · R · AVGVSTI · TURCARUM VICTORES PERPETVI + 23/20, 16

Kaiser Leopold und König Joseph, Brustbilder nach rechts. Signiert: P·H·M·

109. Kat. Nr. 226, 228, 230
231, 233, 235

Rs. SIC ASSVETA TVIS SEMPER VICTORIA CASTRIS ·
(Möge der gewohnte Sieg sich immer an deine Fahnen heften.) Im Abschnitt: VARADINVM RECEPTUM / DIE V IUNI · / MDCXCII ·
Die kniende Stadtgöttin überreicht Kaiser Leopold die Stadtschlüssel. Oben fliegender Genius mit Lorbeerkranz. Signiert: P·H·M·

Geprägt mit Stempeln Philipp Heinrich Müllers für die Medaille auf die Eroberung von Großwardein, 1692.

Literatur: Forster 677.

219. Vs. LUDOV · GUILIELMUS MAR · BAD · S · C · M · EXERCIT · SUMMUS DUX · 23/20, 1
Ludwig Wilhelm von Baden (1655—1707) zu Pferd nach rechts. Im Hintergrund Reiterschlacht.
Rs. NON CURAT NUMERUM ·
(Die Vielzahl bereitet ihm keine Sorgen.) Ein Löwe jagt ein Rudel Wölfe.

Geprägt mit Stempeln Philipp Heinrich Müllers für die Medaille auf die Türkensiege Ludwig Wilhelms von Baden, 1692.

Literatur: Ausstellung Türkenlouis, Nr. 387 (Brettstein). — F. Wielandt, Münzen und Medaillen zur Geschichte des Türkenlouis. In: Zeitsch. f. d. Geschichte d. Oberrheins 118. 1970, S. 328, Nr. 14.

220. Vs. VIRTUTI ET CONCORDIAE CHRISTIANORUM . 23/20· 18
(Der Tapferkeit und Eintracht der Christen.) Sieben Putten mit Helmen und Standarten der verbündeten Mächte: Polen, Spanien, Venedig, Österreich, Nassau-Oranien, England, Savoyen, überragt von dem Labarum mit dem Christogramm. Am Boden die französische Fahne. Signiert: P H M
Rs. PETROVARDINO LIBERATO HVYO RECEPTO, RHENO TRAIECTO .
Im Abschnitt: CONTRA TVRCAS EORVMQVE / FOEDERATOS TRIPLEX / (CHRIST)IANORVM VICTORIA / + 1694 +
(Die Befreiung Peterwardeins, die Eroberung von Huy, die Überschreitung des Rheins: ein dreifacher Sieg der Christen über die Türken und ihre Verbündeten.) Eine Siegesgöttin mit 3 Lorbeerkränzen steht zwischen 3 Flußgöttern. Signiert: P·H·M·

227 229

234 236

238 239

240 241

243
242 244

245 237
243

110. Kat. Nr. 227, 229, 234, 236, 237—245

Geprägt mit Stempeln Philipp Heinrich Müllers für die Medaille auf den Entsatz von Peterwardein (Donau), die Eroberung von Huy (Maas) und den Vorstoß über den Rhein, 1694.

Literatur: Forster 686. — Franks-Grueber XCVI, 7. — van Loon IV, S. 171.

221. Vs. · PROVINCIA RESTITUTA · 23/20, 20 (Die zurückgegebene Provinz.) Im Abschnitt: MDCXCV. Die Stadtgöttin Namurs sitzt mit Stab, Wappenschild, Palme und Mauerkrone zwischen 2 Flußgöttern, der Maas und der Sambre. Signiert: ·P·H·M·

Rs: NAMVRCVM / INDEFESSA VIRTVTE / FOEDERATORVM / ET REDDI ET VINCI / POTVISSE / VILLA REGIVS DVX GALL / LIBERTATIONEM FRVSTRA / TENTANS / CVM INGENTI C . HOMINVM / EXERCITV / TESTIS ESSE VOLVIT (Daß Namur durch die unermüdliche Tapferkeit der Alliierten sowohl wiedergewonnen als auch überwunden werden konnte, das wollte der französische General Villeroi, den Entsatz vergeblich versuchend, mit einer großen Armee von 100 000 Mann bezeugen.) Obelisk mit Inschrift. Am Sokkel Ansicht von Namur, links Bellona, rechts Fama. Signiert: P·H·M·

Geprägt mit Stempeln Philipp Heinrich Müllers für die Medaille auf die Eroberung von Namur durch Kurfürst Max Emanuel von Bayern und König Wilhelm von England, 1695.

Literatur: Lochner II, 361. — Forster 691.

222. Vs: REFERT SATVRNIA REGNA 23/20, 21 (Er bringt das Goldene Zeitalter zurück.) Eine Friedensgöttin, den Fuß auf einem erlegten Drachen, im Arm ein Füllhorn, deutet auf das Brustbild König August II. von Polen. Auf dessen Postament: AVGVST: II ·/ REX . POLON: / EL: SAX: / FELICTATIS / POLON: / RESTAVRA =/TOR ·

Rs: CONCORDIA PROCERVM ET EXERCITVVM. (Die Eintracht der Herrschenden und der Heere.) — Im Abschnitt: OB REGNVM / PACATVM ·/· 1698 · (Auf das befriedete Königreich.) Zwei kniende Magnaten vor König August II. Im Hintergrund eine weibliche Gestalt mit zwei Fahnen.

Geprägt mit Stempeln Philipp Heinrich Müllers für die Medaille auf den Frieden von Ryswijck, 1698.

Literatur: Forster 697.

223. Vs: LOTHAR · FRANC · D · G · ARCHIEP · & EL · MOGUNT · EP · BAMB · 23/20, 26 Lothar Franz von Schönborn, Brustbild nach rechts. Signiert: P. H. Miller

Rs: IRRIGAT UT ERIGAT · (Er bewässert, um aufzurichten.) Im Abschnitt: SECURITAT GERMANOR · / ASSERTORI · (Dem Beschützer der Sicherheit der Deutschen.) Auf Brunnensockel das Wappen des Kurfürsten, vorne die Flußgötter RHENVS und MOENUS. Signiert P·H·M·

Geprägt mit Stempeln Philipp Heinrich Müllers für die Medaille auf den Erzbischof von Mainz, Lothar Franz von Schönborn (1655—1729).

Literatur: Forster 853.

224. Vs: SCILICET HUNC VIVUS CERERIS QUOQUE PARTUS ADORAT, CUMQUE SORORE OLIM CYNTHIUS IPSE COLET 23/20, 3 (Sieh hier: die lebende Frucht der Ceres betet ihn an, und selbst Cynthius wird ihn einst ehren mit seiner Schwester.) Diana und sechs Korngarben neigen sich vor dem thronenden Kaiser.

Rs: ASPECTU SEDIT INFORTI ARCUS EIUS · FILIUS ACCRESCENS IOSEPH & DECORUS (Im beständigen Anblick seines Triumphes thront der junge, heranwachsende ruhmreiche Joseph.) Medaillon Kaiser Josephs, über ihm die Krone des Reichs, Ungarns und Polens. Im Hintergrund ein Palast mit Garten.

Erhaltene Medaillen, mit den gleichen Stempeln geprägt, sind auf dem Rand bezeichnet: F. K. (Friedrich Kleinert).

225. Vs: ILLE IOCATVS AMATVR . 23/20, 4
(Jener wird als Scherzender geliebt.) Amor fliegt auf die am Boden lagernde Venus zu, um sie zu küssen.

Rs: PECCAT ILLE VERBERATVR
(Jener fehlt und wird geschlagen.) Venus straft Amor. Im Hintergrund rechts zwei schnäbelnde Tauben.

Literatur: Fieweger 101. — Kahane 50.

Sechs weitere Brettsteine sind Wiederholungen folgender Kat. Nr.: 192 (23/20, 25), 195 (23/20 b), 196 (23/20, 12) 199 (23/20, 23 und NN 1162), 203 (23/20, 10).

Ahorn, teilweise schwarz gebeizt. Dm. 5,7 cm. S. 1,3 cm.

Erworben 1923 aus Kunsthandel Straubing.

NÜRNBERG, ANFANG 18. JH.
20 BRETTSTEINE

Die geprägte Darstellung ist eingesetzt in einen für sich gedrechselten Ring mit einfacher Profilierung nach innen. 9 Steine hell, 11 Steine schwarz.

226. Vs: ET INCURVABUNT SE! GEN . 37 . 9
R 2033
(Und sie werden sich neigen.) Die Türkei und Frankreich unterwerfen sich Kaiser Leopold I. (1640—1705, Kaiser 1658). Signiert: M B.

Rs: VICTOR VICIT . / SCHAU WAS SICH ERGEB / EN MUST / UNSERM RÖMER REICHS= / AUGUST
Trophäen und gefangener Türke. Ganz oben kleines Porträtrelief von Kaiser Leopold. Signiert: M B. — Wiederholung Kat. Nr. 238.

Geprägt mit Stempeln Martin Brunners für eine Medaille auf den Frieden von Ryswijk 1697 und Karlowitz 1699.

227. Vs: IOSEPHUS . I . D . G . ROM . ET HUN . REX .
R 2019
Im Abschnitt: DIESER IST DES LANDES VATTER .
König Joseph I. (1678—1711, König von Ungarn 1687, deutscher König 1690, deutscher Kaiser 1705) zu Pferd nach rechts. — Wiederholung Kat. Nr. 228.

Rs: AMOR TRIUMPPHANS
(Die triumphierende Liebe.) Eine Siegesgöttin mit Lanze, Palme und Kranz schreitet mit einem Löwen über Waffen. Signiert: PW. — Wiederholung Kat. Nr. 231.

Die Rs. ist geprägt mit einem Stempel von Peter Paul Werner, Nürnberg, 1689—1771.

228. Vs: IOSEPH · DG · ROM · IMP · ET · WIL · AMAL · IMPERAT ·
R 2031
Kaiser Joseph I. (1678—1711, Kaiser 1705) und seine Gemahlin Wilhelmine Amalie von Hannover (1673—1742).
Rs. Wiederholung von Kat Nr. 227 Vs..

229. Vs: IOSEPH . I . D . G . ROMM . REX . ET AMALIA R .
R 2014
Kaiser Joseph I. (1678—1711, Kaiser 1705) und seine Gemahlin Wilhelmine Amalie von Hannover (1673—1742, verh. 1699), Brustbilder nach rechts. Signiert am Armabschnitt: MB (ligiert). — Wiederholung Kat. Nr. 230.

Rs: NIL HAEC CON=NUBIA TURBET
(Möge nichts diese Ehe stören.) Ein durch eine Kette gefesseltes Paar übergibt sich jeweils ein geflammtes Herz. Wiederholung Kat. Nr. 242.

Die Vs. ist geprägt mit einem Stempel von Martin Brunner, die Rs. von Philipp Heinrich Müller.

Literatur: Rs.: Forster 880. — Kahane 172 und 173.

230. Vs. Wiederholung von Kat. Nr. 229.
R 2035
Rs: FELICITAS VENETIAE ·
(Glückliches Venedig.) Ansicht von Venedig. Oben: Putto mit Schriftband.

231. ANNA . DG . MAG . BR FR . ET . HIB . REG .
R 2025
Anna Stuart (1665—1714, Königin von England 1702), Brustbild nach links, nach

einer Medaille von John Croker, 1702 (Franks-Grueber CXV, 4). — Wiederholung Kat. Nr. 232.
Rs. Wiederholung von Kat. Nr. 227.

232. Vs. Wiederholung der Kat. Nr. 231. R 2902

Rs: MENS MENTO FRONTE MANVQVE
(Die Gesinnung zeigt sich im Wort, im Gedanken und in der Tat.) David und Jonathan umarmen sich. Am Boden Harfe und Bogen. — Wiederholung Kat. Nr. 296.

Literatur: Rs.: Katz 10 a.

233. Vs: CAROL XI · D · G · REX · SVECIAE · R 2030

König Karl XI. von Schweden (1655 bis 1697, König 1672) als Feldherr, Brustbild nach rechts.

Rs: TRAU NICHT DEM SCHLAF . HIER LIEGT KEIN SCHAF
Ein auf einem Ährenbündel schlafender Löwe. An den Ähren pickt ein Hahn. Jenseits des RHEINS brennende Burgen. — Wiederholung Kat. Nr. 234.

234. Vs: DAT HOSTIBVS PACEM R 2010
(Er gibt den Feinden Frieden.) Unten: CAROLVS XII / DG REX
König Karl XII. von Schweden (1682 bis 1718, König 1697), von einem Löwen begleitet, sprengt sich Unterwerfenden entgegen. Aus Wolken je ein Arm mit Schild und Lorbeerzweig. — Wiederholung Kat. Nr. 235.
Rs. Wiederholung der Kat. Nr. 233.

235. Vs. Wiederholung der Kat. Nr. 234 R 2037

Rs: PAX NVTRIT
(Der Friede nährt.) Zweirädriger Wagen, von zwei Pferden gezogen. Auf dem Wagen Pax und Justitia. — Wiederholung mit anderer Schrift Kat. Nr. 286.

236. Vs: FRIDERICVS D . G . PRIMVS BORVSSIAE REX R 2016
Friedrich I., König in Preußen (1657 bis 1713, König 1701), Brustbild nach rechts. Im Armabschnitt signiert: MB (ligiert). — Wiederholung Kat. Nr. 237.

Rs: ET . PRODEST . ET . NOCET
(Was dem einen nutzt, schadet dem andern.) Beschießung einer Stadt, im Vordergrund drei Soldaten an einem Mörser. Signiert: C V S.

Die Vs. ist geprägt mit einem Stempel Martin Brunners.

237. Vs. Wiederholung der Kat. Nr. 236 R 2032

Rs: ET TRIVMPHIRTE AMOR
Auf Wappen stehende Siegesgöttin mit Löwen, gerahmt von breiter Ranke mit Blüten und Früchten.

238. Vs: IOH · D · MARLEBVRG ANGL · EX · DVX · R 2009
John Churchill Herzog von Marlborough (1650—1722) zu Pferd nach rechts.

Rs. Wiederholung der Kat. Nr. 226 Rs.

Die Vs. nach Franks-Grueber geprägt mit einem Stempel Martin Brunners.

Literatur: Franks-Grueber CXVII, 5 (Brettstein, ebenfalls mit nicht zugehöriger Rs.).

239. Vs: TOT VICTORIIS NOTVS QVOT PRAELIIS R 2011
(Er ist bekannt dadurch, daß er in allen Schlachten siegte.) Prinz Eugen von Savoyen (1663—1736), Brustbild auf einem Sockel, von 2 Genien gekrönt. Am Sockel: EUGE= / NIUS / DUX SAE.
Als Vorbild diente eine Medaille auf König Wilhelm v. England von 1689 (v. Loon III, S. 430 f). Signiert: P P W

Rs: S. GEORGIUS
Der hl. Georg zu Pferd, den Drachen tötend. Signiert: MB (ligiert)

Geprägt mit je einem Stempel Peter Paul Werners für die Vorderseite und Martin Brunners für die Rückseite.

240. Vs: A · DEO · VICTORIA R 2017
(Von Gott kommt der Sieg.) Im Abschnitt: AD HOCHSTEDT / 3. AVG / 1704
Prinz Eugen von Savoyen (1663 bis 1736) und John Churchill Herzog von Marlborough (1650 bis 1722), Brustbilder aus kleinen Kartuschen, gehalten von einem Putto mit Lorbeerkranz und Palme. Unten: Reiterschlacht bei Höchstädt, 1704.

Rs: STADT NAMUR
Belagerung und Beschießung von Namur, 1695. In der Mitte kleine Profilbüste von Max Emanuel von Bayern mit Beischrift: ME DUX BAVAR . — Wiederholung Kat. Nr. 287.

241. Vs. Reiterschlacht zwischen Türken und Christen R 2012

Rs: IMPLENDO LACERAM EVACVO CRUMENAM
(Ich leere den zerrissenen Beutel beim Saufen.) Wirtshausszene.

242. Vs: HOC DVCE TVTVS ERIS R 2022
(Mit diesem Führer wirst du sicher sein.) Kleines Medaillon: Tobias mit dem Engel. Breiter Früchtekranz.

Rs. Wiederholung der Kat. Nr. 229 Rs.

Literatur: Vs.: Domanig 655. — Schmid 28.

243. Vs: WIR BEIDE LACHEN . R 2020
Kopf eines Narren im Halbprofil nach links. In der Rechten hält er eine Wurst, in der Linken die Narrenkappe. Nach Hans Sebald Beham (Pl. 216).

Rs: ACCEDE! ERUBESCO .
(Komm her! Ich erröte.) Zwei nackte Frauen, die eine in einem Zuber, versuchen einen Narren jeweils zu sich zu ziehen (nach H. S. Beham, Pl. 216). Signiert: MB (ligiert)

Geprägt mit Stempeln Martin Brunners.

244. Vs: CURRE CITO, CORNVTVS ENIM CLAMORIB(US) INSTAT R 2024
(Lauf schnell, der Gehörnte droht mit Geschrei.) Ein Narr trägt eine Frau Huckepack. Ein bärtiger Alter hebt ihr den Rock hoch und schlägt sie mit einem Handbesen.

Rs: VENAM INSTIGABIS AVT
(Willst du etwa nur die Vene anstechen?) Ein Arzt behandelt eine vor ihm sitzende Frau. Amor hält ein Becken.

Literatur: Vs.: Fieweger 140: einseitige versilberte Medaille. — Kahane 109. — Rs.: Brettauer 4838 (Brettstein mit anderer Rs.). — Goppel-Plume 5887 a.

245. Vs: NE SUTOR ULTRA CREPIDAM . R 2027
(Der Schuster soll nicht über die Sohle hinausgehen.) Eine Dame läßt sich von einem Schuhmacher einen Leisten anmessen.

Rs: ABSIT, VT EVADAM CORNVTVS GRANDIOR AEVO .
(Hoffentlich muß ich als der Ältere nicht gehörnt weggehen.) Eine Frau sitzt auf dem Schoß eines Alten. Ein Narr zeigt ihr das Hörnchen über dem Kopf des Alten.

Zwetschge (die hellen Steine) und Birnbaum (die schwarzen Steine). Dm. 5,9 cm. S. 1,6 cm. *Erworben* vor 1883.

NÜRNBERG, ANFANG 18. JH.
25 BRETTSTEINE

mit breitem grob profilierten Rand. Für die insgesamt 50 Seiten wurden nur 24 verschiedene Stempel verwendet. Elf Steine sind hell, vierzehn schwarz.

246. Vs: IOANNES . III . D : G : REX POLONIARUM . 41/115, 1
Johann III. Sobieski, 1624—1696, 1674 König von Polen. — Wiederholung Kat. Nr. 260.

Rs: VIVAT AUGUSTUS II. REX POLONIAE
August der Starke von Sachsen wird zum König von Polen gekrönt. Im Abschnitt: CORONATUS 15. SEPT. / A. MDCIIIC

111. Kat. Nr. 246, 248
249, 250, 252
254, 255, 256

247. Vs: ANNA · D · G · MAG · BR · FR · ET · HIB · REGINA 41/115, 2
Anna von England (1665—1714, Königin 1702), Brustbild nach rechts. — Wiederholung Kat. Nr. 260.

Rs: WILHELMVS DG . ANG . SCO . FR . ET HI . REX . ET MARIA . REGINA .
Wilhelm III. von Oranien (1650—1702, König von England 1689) und seine Gemahlin, Maria von England, Tochter Jacobs II., Schwester der Königin Anna, Brustbilder, einander zugekehrt. — Wiederholung Kat. Nr. 264.

Geprägt mit Stempeln Martin Brunners. Zweimal vorhanden (41/115, 3).

Literatur: Franks-Grueber CXVII, 8.

248. Vs: FRID · AUG · D · G · DUX · SAX · ELECT · 41/115, 4
August der Starke von Sachsen (1670 bis 1733), Brustbild nach rechts. (Vor der Wahl zum polnischen König, 1647).

Rs. In der Mitte Medaillon mit Porträtbüste Joseph I. von Habsburg. Umschrift: IOS · DG · R · ET · H · REX. Umgeben von sieben Medaillons der Kurfürsten. Umschrift: 1. ANS · FR · EL · MOG. — 2. IOS CL · EL COLN. — 3. IOH GEO IIII SAX. — 4. PHI · W · EL · P RH. — 5. FR III EL BRAN. — 6. MAX E · EL · BAV. — 7. IOH HV EL TREV. — Wiederholung Kat. Nr. 259 und 281.

Nach dem Vorbild einer Medaille von Georg Hantsch. Dreimal vorhanden (41/115, 5 und 6).

249. Vs: MAX . EMAN . DG . V . BAVE . P . S . D . C . P . R . S . R . I . AR E . F . LL . 41/115, 8
Kurfürst Max Emanuel von Bayern (1662 bis 1726, Kurfürst 1680) zu Pferd nach links. — Wiederholung Kat. Nr. 262.

Rs: GEORGIUS DER EDLE RITTER
Der hl. Georg zu Pferd, den Drachen tötend.

Viermal vorhanden (41/115, 9—11).

250. Vs: DESCENDERUNT . VELUT . LAPIS . EXOD . 15. 5. 41/115, 12
(Sie fielen zu Grund wie die Steine. 2. Mos. 15 . 5). Im Abschnitt: VICTORIA AD TIBISCUM / XI SEPT 1697.
Reiterschlacht bei Zenta a. d. Theiß, 1697. — Wiederholung Kat. Nr. 251 und 265.

Rs: REX GVILIELMVS IVSTVS, SIC FLOREBIT RECVPERATOR / ET TRIVMPHATOR MAXIMVS
(Der gerechte König Wilhelm (III. von England, seit 1689) wird sich als der größte Befreier und Triumphator auszeichnen.) Palme mit den Kronen Englands, Schottlands und Irlands, am Stamm Harfe und Kriegsgerät (Vgl. ähnliche Medaille von Brunner, Franks-Grueber LXXXVII, 8 Vs.) — Wiederholung Kat. Nr. 261

Zweimal vorhanden (41/115, 13).

251. Vs. Wiederholung von Kat Nr. 250 Vs. 41/115, 14

Rs: AH QVAM VILIS AMOR SENILIS
(Wie wertlos ist die Liebe der Greise!) Liegende Venus als Rückenfigur, Amor weist auf einen herankriechenden Greis.

Dreimal vorhanden (41/115, 15 und 16). Wiederholung Kat. Nr. 258 und 271.

252. Vs: EUGENIUS · FRANC · DVX · SAB · CAES · EXFR · GENER · COMM 41/115, 7
Prinz Eugen von Savoyen (1663—1736, 1696 Oberbefehlshaber der Truppen in Ungarn), Brustbild nach rechts, vor Trophäen. — Wiederholung Kat. Nr. 264.

Rs: IOH · D · MARLEBVRG · ANGL · EX · CAPIT · GEN
John Churchill, Herzog von Marlborough (1650—1722), Brustbild nach rechts. — Wiederholung Kat. Nr. 283.

Geprägt mit Stempeln einer Medaille auf die Schlacht bei Höchstädt, 1704.

253. Vs: O QVAM RARI! AMICI CHARI 41/115, 17
(Gute Freunde sind so selten!) Jonathan grüßt David. Hinten rechts läuft ein Knabe hinter einem Pfeil her. Am Boden liegt ein Bogen. Signiert: MB. — Wiederholung Kat. Nr. 281.

Rs: QVOD DEVS DECREVIT IN NOBIS INPLEVIT
(Was Gott beschloß, erfüllt er in uns.) Ein Jüngling und ein Mädchen reichen sich über einem Altar einen Ring. Oben in Wolken Auge Gottes, unten zwei schnäbelnde Tauben. Signiert: MB. — Wiederholung Kat. Nr. 266.

Geprägt mit Stempeln Martin Brunners.

Literatur: Vs.: Katz 16 b (Brettstein mit Ornamentrand).

254. Vs: ASPERA MITESCANT CONSTANTI SAECVLA PACE. 41/115, 18
Im Abschnitt: HIS TVTELA RIBVS DOCTOR, / MERCATOR, ARTIFEX OM / NES VIGENT. (Möge ein dauernder Friede die rauhen Zeiten mildern. Der Gelehrte, der Kaufmann und der Künstler gedeihen unter seinem Schutz.) Pax und Justitia stehen mit ihren Attributen vor Kriegsgerät und wissenschaftlichen Instrumenten. — Wiederholung Kat. Nr. 261.

Rs: AH FORTVNA BONA! CONDONA
(O Fortuna, beschenke mich!) Ein Greis und ein junger modisch gekleideter Mann versuchen Fortuna an sich zu ziehen. — Wiederholung Kat. Nr. 270 und 280.

Zweimal vorhanden (41/115, 19).

255. Vs: CHARA! DOLES PEDIBVS! SIVE VULNVS ALTIVS 41/115, 20
(Liebe! Sind die Schmerzen auf den Beinen, oder ist die Wunde höher?) Ein Arzt legt einer Dame ein Pflaster an. Rechts im Hintergrund Amor. Signiert: MB (ligiert). — Wiederholung Kat. Nr. 272.

Rs: VVLVA DOLET VRINA DOCET

(Die Scheide schmerzt, der Urin zeigt es an.) Ein Arzt sitzt am Bettrand einer Frau, fühlt ihr den Puls und betrachtet ein Uringlas. Im Hintergrund zielt Amor auf die Frau. Signiert: MB (ligiert). — Wiederholung Kat. Nr. 298.

Geprägt mit Stempeln Martin Brunners.

Literatur: Goppel-Plume 5893 (Brettstein). — Brettauer 4840 (Brettstein und jeweils einseitige Silberabschläge). — Rs.: Fieweger 144.

256. Vs: NASONIS MALE ASATI IOENA 41/115, 21

Ein großer Schleifstein, der von einem Knaben benäßt wird, in der Mitte. Einem Jüngling wird die Nase abgeschliffen. Signiert: MB

Rs: VENITE HEUS! HABETES, IUVENES ET SENES.

(Kommt und nehmt euch, Jünglinge und Greise.) Amor schleift die Pfeile, die ihm ein Alter reicht. Signiert: MB. — Wiederholung Kat. Nr. 280.

Geprägt mit Stempeln Martin Brunners. Zweimal vorhanden (41/115, 22).

Literatur: Goppel-Plume 5894 (Brettstein).

257. Vs: AMASIA: CVR INGEMESCIT: QVIA NESCIT DVM VENTER CRESCIT 41/115, 23

(Warum seufzt das Mädchen, weil es nicht weiß, wieso der Bauch wächst.) Eine Frau hält die Zügel eines Reiters. — Wiederholung Kat. Nr. 270.

Rs: VIRGINIBVS PRODEST CVI PONDVS INEST

(Wer die Frucht hat, nutzt den Jungfern.) Eine Frau nimmt von einer Schale, die ihr Amor reicht, eine Frucht. — Wiederholung Kat. Nr. 267.

Zweimal vorhanden (41/115, 24).

258. PASCUA AMORIS . OSCULA ORIS 41/115, 25

(Der Kuß ist die Weide der Liebe.) Ein Schäferpaar in Umarmung. — Wiederholung Kat. Nr. 268.

Rs. Wiederholung von Kat. Nr. 251 Rs.

Literatur: Brettauer 4843 (einseitiger Silberabschlag).

Ahorn. Dm. 5,6 cm. S. 1,3 cm. — Flaue Prägungen, berieben, teilweise wellig.

Erworben 1941 als Vermächtnis von Frau Kreszenz Hindlmayr, München.

112. Kat. Nr. 259, 260

113. Kat. Nr. 261

262 263

264 265

266 267

268 270

271 272

273 274

114. Kat. Nr. 262–274

NÜRNBERG, ANFANG 18. JH.
16 BRETTSTEINE
mit breitem Rand, darin eine einfache Blattranke mit kleinen Blüten. Teilweise sind die gleichen Stempel verwendet wie bei der vorigen Serie. Vier Steine sind hell, zwölf schwarz.

259. SEMPER ET MIRACVLOSA . MATER DEI COELI ROSA NN 77
(Wunderbare, immer gleiche Mutter Gottes, himmlische Rose.) Stehende Muttergottes auf der Mondsichel in Strahlenglorie und Kranz.
Rs. Wiederholung von Kat. Nr. 248 Rs.

260. Vs. Wiederholung von Kat. Nr. 246 Vs. NN 79
Rs. Wiederholung von Kat. Nr. 247 Vs.

261. Vs. Wiederholung von Kat. Nr. 254 Vs. NN 73
Rs. Wiederholung von Kat. Nr. 250 Rs.

262. Vs. Wiederholung von Kat. Nr. 249 Vs. NN 85
Rs: FAC LATEAS ET TVTVS ERIS.
(Verbirg dich und du wirst sicher sein.) Aktäon überrascht Diana. Signiert: MB (ligiert). — Wiederholung Kat. Nr. 282.

Geprägt mit Stempeln Martin Brunners.

263. Vs: CAROLVS XII. DEI GRATIA . REX SVECIAE NN 76
Karl XII. von Schweden (1682—1718, König 1697), Brustbild nach rechts. Im Armabschnitt signiert: MB (ligiert).
Rs: SVB AQVILAE ROMANAE ALIS QVIESCO (Ich ruhe unter den Fittichen des römischen Adlers.) Im Abschnitt: NORIBERGA VRBI—/VM REGINA
Ansicht von Nürnberg. Signiert: MB (ligiert).

Geprägt mit Stempeln Martin Brunners.

264. Vs. Wiederholung von Kat. Nr. 252 Vs. NN 75
Rs. Wiederholung von Kat. Nr. 247 Rs.

265. Vs. Wiederholung von Kat. Nr. 250 Vs. NN 78
Rs: TRIA RARA ADOLESCENTIAE ORNAMENTA .
(Drei seltene Juwelen der Jugend.) Drei Frauen mit je einer Krone, davor ein kniendes Mädchen. — Wiederholung Kat. Nr. 279.

266. Vs. Wiederholung von Kat. Nr. 253 Rs. NN 70
Rs: CHRISTVS SANGTIFICAVIT ECCLESIAM SVAM
(Christus heiligte seine Kirche.) Ein modisch gewandetes Paar vor einem Taufbecken; im Becken ein Kruzifix, aus der Seitenwunde trifft ein Strahl die rechte Hand des links stehenden Priesters, der mit der anderen den Täufling hält. Oben Gottvater mit Taube. — Wiederholung Kat. Nr. 269.

267. Vs: BENEDICTA SALVATVR, A SALVTE QVAE AMATVR NN 84
(Der Gebenedeiten wird die Erlösung durch die Liebe verkündet.) Verkündigung an Maria.
Rs. Wiederholung von Kat. Nr. 257 Rs.

268. Vs: IN DE SALVS TERRIS, GAVDIA COELO . NN 74
(In dir liegt das Heil der Erde und die Freude des Himmels.) Maria mit dem Christkind und dem Johannesknaben. Links hinten Josef, rechts hinten und links vorne Engel mit Musikinstrumenten. Signiert: MB (ligiert)
Rs. Wiederholung von Kat. Nr. 258 Vs.

Geprägt mit Stempeln Martin Brunners.

Literatur: Vs.: Goppel-Plume 5891: Brettstein mit Rs. von Kat. Nr. 188.

269. Vs: KEHRT DIE AUGEN AB IHR ALTEN HIER DIE KEUSCHHEIT BAD WILL HALTEN NN 71

Susanna im Bade, rechts hinter einer Balustrade die beiden Alten. Signiert: MB (ligiert). — Wiederholung Kat. Nr. 279.

Rs. Wiederholung von Kat. Nr. 266 Rs.

Die Vs. geprägt mit einem Stempel Martin Brunners.

Literatur: Vs.: Katz 16 b (Brettstein, Gegenseite wie Vs. Kat. Nr. 253).

270. Vs. Wiederholung von Kat. Nr. 257 Vs. NN 72

Rs. Wiederholung von Kat. Nr. 254 Rs.

271. Vs: VAH ZELOTYPIA! CANIS CVM SIMIA NN 80

(Ach, Eifersucht, Hund und Affe zugleich!) Eine nackte Frau hält einen Teufel an der Kette, links ein junger Mann. Signiert: MB (ligiert).

Rs. Wiederholung von Kat. Nr. 251 Rs.

Die Vs. geprägt mit einem Stempel Martin Brunners.

272. Vs. Wiederholung von Kat. Nr. 255 Vs. NN 81

Rs: AMBAE UNUM, ET TAM PARVUM, QVALE MIRUM .

(Beide wollen einen, und einen so kleinen. Welch ein Wunder!) Zwei nackte Frauen, die eine in einem Zuber, streiten sich um einen Narren. (Nach H. S. Beham, Pl 216; ähnlich Kat. Nr. 243.)

Literatur: Rs.: Brettauer 4845 (einseitiger Silberabschlag).

273. Vs: MACHT SELBST DIE ZECHG . NN 82

Vier Zecher an einem Wirtshaustisch. Die Wirtin entblößt ihr Gesäß und schreibt an. Signiert: MB (ligiert).

Rs: O MI CHARE SARTOR! QVALIS HIC EST ARDOR!

(O mein lieber Schneider! Was für eine Glut hier ist!) Ein Schneider nimmt Maß an einer Dame. Von rechts kommt Amor mit Schere und Elle. Signiert: MB (ligiert). — Wiederholung Kat. Nr. 282.

Geprägt mit Stempeln Martin Brunners.

274. Vs: CAVDA VAH! DEPENDET, CAVE, CATVS PRENDET NN 83

(Wehe dem Schwanz! Er hängt, der Listige wird ihn packen.) Ein auf einem Stuhl sitzender Mann zieht sich Strümpfe an. Eine Katze springt ihn an. Rechts schaut eine Frau hinter einem Vorhang hervor. Signiert: MB (ligiert).

Rs: IMPOTENS EXERCITVS .

(Ein machtloses Heer.) Ein Kavalier mit Geweih reitet auf einem Hahn. Im Hintergrund weitere zahlreiche Hahnreiter. Signiert: MB (ligiert).

Geprägt mit Stempeln Martin Brunners.

Literatur: Vs.: Brettauer 4844 (einseitiger Silberabschlag.

Birnbaum. Dm. 5,8 cm. S. 1,6 cm.

NÜRNBERG, ANFANG 18. JH.
DREI BRETTSTEINE

mit breitem Profil an der Innenseite des Randes.

275. Vs: FIRMITATEM SERENAT IMPETUS R 1912

Unten: LUNATUM REPRIMIT / VIRTUS SIC BOJA / FUROREM

(Angriff tut der Stärke wohl — Die Tapferkeit der Bayern drängt die Wut des Halbmonds zurück.) Ein Stier mit halbmondförmigen Hörnern stößt gegen eine Säule mit der Büste des Kurfürsten Max Emanuel von Bayern.

Rs: CONSOCIAMINI ET VINCIMINI & / QVIA HIC EST EMANUEL · Es 7 (8) Unten: MOHAZIANUM BAVARICAE / STRENUITATIS AERE / AUROQUE PERENNIORIS / MONUMENTUM / 1687.

(Vereinigt euch und laßt euch überwinden, denn hier ist Emanuel — Mohač, Denkmal

115. Kat. Nr. 275, 276, 277

der Tapferkeit der Bayern, dauernder als Erz und Gold.) Die Schlacht bei Mohač.

Literatur: Lochner II, S. 65. — Beierlein 1492.

276. Vs: AVGVSTA VIND · LIBERATA · ULMA RECVPER · HOSTES VLTRA RHEN · FVGATI · R 1979

(Auf das befreite Augsburg, das wiedergewonnene Ulm und die über den Rhein zurückgeworfenen Feinde.) Im Abschnitt: TRANQVILLITAS / REDUX · (Die zurückgewonnene Ruhe.) Die Stadtgöttinnen von Augsburg und Ulm befreien sich von ihren Ketten, ein Engel vertreibt die Feinde.

Rs: BAVARIA AD OBSEQVIVM REDIENS · Unten: CLEMENTIA AVGVSTI ·/ 1704.

(Bayern gibt nach — Die Milde des Herrschers.) Der Kaiser, von Victoria begleitet, nimmt die Huldigung des Herzogtums Bayern entgegen.

Geprägt mit Stempeln auf die Aufhebung der Belagerung Augsburgs, 1693 (Vs.) und auf die Niederlage bei Höchstädt, 1704 (Rs.).

277. Vs: SOLIS ECLIPSIS . D . 12 . MAI . R 1910

Unten: BARCELLONA OBSIDIONE LIBE — / RATA PHILIPPO ANDEGAV ·/ EX HISP · FVGATO · (Sonnenfinsternis — Auf den Entsatz von Barcelona und die Flucht Philipps von Anjou aus Spanien.) Philipp V. von Spanien (1683 bis 1746) flieht zu Pferde und verliert dabei seine Krone. Oben verdeckt ein Putto mit dem Habsburgerwappen die Sonne.

Rs: VICTORIARVM IMPETVS

Im Abschnitt: SVB DVCE MARLEBVRG · VICTORE / PERPETVO . GALL · PROFLIGATIS / BRABANTIA ET FLANDRIA / EREPTAE / MDCCVI

(Die Gewalt der Siege. — Auf die Niederwerfung der Franzosen und die Eroberung von Brabant und Flandern durch den siegreichen Herzog von Marlborough.) Vier Stadtgöttinnen knien rechts und übergeben dem über Gefallene heransprengenden Herzog die Stadtschlüssel.

Geprägt mit Stempeln von Georg Hantsch für eine Medaille auf den Entsatz von Barcelona und die Eroberung von Brabant, 1706.

Literatur: Franks-Grueber CXXIII, 12. — van Loon V, S. 33. — Lochner III, 249.

Ahorn, schwarz gebeizt. Dm. 5,8 cm. S. 1,2 cm.

Erworben 1875.

NÜRNBERG, 2. JAHRZEHNT 18. JH.
SECHS BRETTSTEINE

mit schmalem Rand, an der Innenseite flaches Profil.

116. Kat. Nr. 278, 279
280, 281, 283

278. Vs: CAROLVS VI . D . G . ROM . IMP . S . A . G . H . H . B . R . 22/41
Kaiser Karl VI. (1685—1740, Kaiser 1711), Brustbild nach rechts. Im Armabschnitt signiert: P W.
Rs: LILIVM DEFLORATVM .
(Die geknickte Lilie.) Ludwig XIV. schläft auf seinen Waffen. Anna von England (als Dalilah) schneidet ihm mit einer Schere eine Locke ab.

Geprägt mit Stempeln Peter Paul Werners (Vs.) und Martin Brunners (Rs.).
Literatur: Rs.: Franks-Grueber CXXXIII, 6.

279. Vs. Wiederholung von Kat. Nr. 269 Vs. 22/33
Rs. Wiederholung von Kat. Nr. 265 Rs.

280. Vs. Wiederholung von Kat. Nr. 254 Rs. 22/34
Rs. Wiederholung von Kat. Nr. 256 Rs.

281. Vs. Wiederholung von Kat. Nr. 248 Rs. 22/35
Rs. Wiederholung von Kat. Nr. 253 Vs.

282. Vs. Wiederholung von Kat. Nr. 262 Rs. 22/36
Rs. Wiederholung von Kat. Nr. 273 Rs.

283. Vs. Wiederholung von Kat. Nr. 247 Vs. 22/42
Rs. Wiederholung von Kat. Nr. 252 Rs.

Ahorn, schwarz gebeizt. DM. 5,6 cm. S. 1,3 cm.
Erworben 1922 aus Kunsthandel München.

NÜRNBERG, 2. JAHRZEHNT 18. JH.
17 BRETTSTEINE

mit schmalem nach innen gerundeten Rand. Elf Steine braun, sechs Steine schwarz.

284, Vs: GVST . ADOL . DG . SVE . GOT . ET VAN . REX / VITA . FATOQVE . TRIVMPHO . R 1895
Gustav Adolf von Schweden (1594—1632) zu Pferd nach links. Signiert: MB
Rs: CAROL . XI . D . G . REX . SVECIAE ·
Taufe Karls XI. von Schweden (1655 bis 1697).

Die Vs. geprägt nach einem Stempel Martin Brunners.

285. Vs: LOVIS LE GRAND ROY DE FRANCE . R 1927
Ludwig XIV. von Frankreich (1638 bis 1715) zu Pferd nach rechts.

Rs: ARGENTINA SVB IMPERIO AC TVTELA MAGNI / LVDOVICI REGIS GALLIAE FLOREAT . (Straßburg möge unter der Herrschaft und dem Schutz des großen Ludwigs von Frankreich gedeihen.) Ansicht von Straßburg.

In einem weiteren Exemplar in hellem Birnbaum vorhanden (R 2903, zugehörig zu Kat. Nr. 299).

Geprägt mit Stempeln für eine Medaille auf die Einnahme Straßburgs durch Ludwig XIV., 1681.

Literatur: Goppel-Plum 5887 (Brettstein).

286. Vs: AQUILLA ROM . RESERAT BUDAE PORTAS . R 1888
(Der römische Adler bricht die Tore von Buda auf.) Unten: ANNO 1686 / 2 . SEPT. Beschießung von Budapest, oben fliegender Engel mit Stephanskrone.

Rs: IVNCVNT POST BELLA LABELLA
(Nach Kriegen küssen sie sich.) Friede und Gerechtigkeit fahren mit einem zweirädrigen, von 2 Pferden gezogenen Wagen über Kriegsgerät. Signiert: PW. — Wiederholung mit anderer Schrift Kat. Nr. 235.
Zweimal vorhanden (R 2919)

Die Rs. geprägt mit einem Stempel Peter Paul Werners für eine Medaille auf die Eroberung von Budapest, 1686.

287. Vs. Wiederholung von Kat. Nr. 240
Rs. R 1892
Rs: A DOMINO VENIT PAX ET VICTORIA . (Vom Herrn kommt Friede und Sieg.) Reiterschlacht mit Türken.

Geprägt mit Stempeln für eine Medaille auf die Eroberung von Namur, 1695 und die Schlacht am Kahlenberg, 1683.

Literatur: Rs. Hirsch 73 (jedoch nicht der gleiche Stempel).

288. Vs: EVGENIUS · FRANCISCVS · DVX · SAVOYEN · R 1890
Prinz Eugen (1663—1736, 1696 Oberbefehlshaber gegen die Türken) zu Pferd, nach links.

Rs. Anbetung der Hl. Drei Könige.

Literatur: Vs.: Goppel-Plum 5877.

117. Kat. Nr. 284, 285

118. Kat. Nr. 286, 287

288  289

290 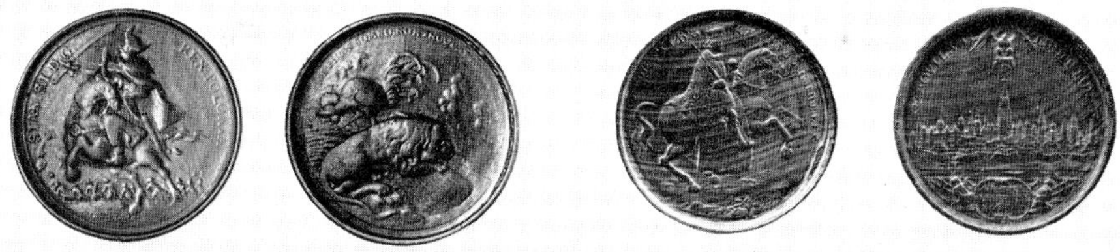 291

292  293

294  295

296  297

298  299

119. Kat. Nr. 288–299

289. Vs: MARC : ANT : IV . VENETIAE DVX . R 1889

Umschrift: ROBVR MEVM CANIS INTERITVS (Meine Kraft ist das Verderben des Hundes [der Türken].) Marcantonio IV. Giustiniano, Doge von Venedig, im Profil nach rechts, von Lorbeerkränzen umgeben; darunter schlägt der Markuslöwe einen Hund.

Rs: IPSE QVIETEM . DEFESSUS DULCEM MAVORS .

(Ermüdet genießt selbst Mars die süße Ruhe.) Unten: PAX RUSWICENS 1697

Ein liegender Krieger wird von drei Putten geehrt.

Geprägt mit Stempeln für eine Medaille auf die Siege des Dogen Marc Antonio Giustiniano IV. über die Türken, 1684—88 und den Frieden von Ryswijk, 1697.

Literatur: Philippovich, S. 345. — Vs.: Goppel-Plum 5886.

290. Vs. STANIS . I . D . G . REX . POLONIA R 2051

Stanislas Leszczynski (1677—1766) zu Pferd nach links. (König von Polen 1705 bis 1709).

Rs: NE FIDAS SOMNO, NON INCUBAT AGNOS ARISIIS

(Trau nicht dem Schlaf, hier liegt kein Schaf.) Ein auf einem Ährenbündel schlafender Löwe. An den Ähren pickt ein Hahn. Jenseits des RHEINS brennende Burgen. Vgl. auch Kat. Nr. 195 und 233.)

291. Vs: CAROLVS VI . D . ROM . IMP . S . A G . II H . B . REX R 1898

Karl VI. (1685, 1711—1740) zu Pferd nach rechts.

Rs: AQVILA ILLUDIT LUNAE .

(Der Adler verspottet den [türkischen Halb-]Mond.) Unten in Kartusche: VIENNA / LIBERATA / A. 1683 $\frac{2}{12}$ S.

Ansicht von Wien. Oben in der Mitte Adler auf der Mondsichel. Signiert: MB. — Zweimal vorhanden (43/255).

Die Rs. geprägt nach einem Stempel Martin Brunners.

Literatur: Rs.: Hirsch 3.

292. Vs: CAROL . VI . D . G . ROM . IMP . S . R R 1894

Kaiser Karl VI. (1685, 1711—1740) im Profil nach rechts, umgeben von Trophäen In der Armöffnung signiert: W.

Rs: LEOP . I . IMP . ROM . SEMP . AUG . VI BUDAM EXPUGNAP . 1686 $\frac{23}{2}$ AV / SE

(Leopold I. 1640 bis 1705.) Beschießung von Budapest, oben fliegende Taube mit Ölzweig. Signiert: MB

Geprägt mit je einem Stempel Peter Paul Werners (Vs., nach 1711) und Martin Brunners (Rs., 1686).

Literatur: Philippovich S. 345.

293. Vs: CAROLVS D . G ROM . IMP . S · AGER · H · B · R R 2040

Karl VI., Brustbild nach rechts. Im Armabschnitt: signiert: PW

Rs: . DA DIADEMA MIHI SOLIOQ RECEDE ·

(Gib mir die Krone und weiche vom Thron.) Ein Ungar und ein Pole bedrängen den Sultan auf dem Thron.

Die Vs. geprägt mit einem Stempel Peter Paul Werners.

Literatur: Vs.: Goppel-Plum 5879 (Brettstein mit anderer Rs.).

294. Vs: FELICTAS VENETIAE R 1896

(Die Glückseligkeit Venedigs.) Ansicht von Venedig, oben: Putto mit Schriftband.

Rs: VT NITIA TRIVMPHAT IN GRACIA

(Großzügigkeit ist der Triumph Venedigs.) Links die Venetia mit Dogenmütze, auf ein Füllhorn gestützt, vor ihr 2 Männer mit Schriftblatt.

Literatur: Philippovich S. 344.

295. Vs: NVNC ITER · ACCELERANS IVBEO TVA TEQ PVALERE R 1883

(Im schnellen Aufbruch wünsch ich dir und dem Deinen Glück.) Ein Reiter nimmt Abschied von einer weinenden Frau vor einem Stadttor. Vgl. Kat. Nr. 257

Rs: TRAU NICHT . ES STICHT

Ein Liebespaar vor einer Rose, auf die Amor mit mahnend erhobenem Zeigefinger hinweist. (Vgl. Rückseite von Kat. Nr. 317 mit einer wörtlichen, aber kleineren Wiederholung dieser Szene von Martin Brunner.)

Signiert: PPW

Die Rs. geprägt mit einem Stempel Peter Paul Werners.

Literatur: Vs.: Goppel-Plum 5892. — Rs.: Fieweger 142. — Kahane 4, 82. Philippovich S. 364.

296. Vs. SERVAT · SERVATA R 1893

(Die Beschützte schützt.) Ein antikisch gewandetes Paar reicht sich über einem Altar die Hand; oben Auge Gottes, aus Wolken kommt die Hand Gottes herab. Auf dem Altar zwei schnäbelnde Tauben. Signiert: MB

Rs. Wiederholung von Kat. Nr. 232 Rs.

Die Vorderseite geprägt mit einem Stempel Martin Brunners.

Literatur: Katz S. 32, Abb. S. 20 (Brettstein) — Philippovich S. 344.

297. Vs. ACVLAXATA VESTE TRIVMPHO. R 1897

(Ist das Kleid erst ausgelassen, dann triumphiere ich.) Ein Schneider mißt einer Dame den Brustumfang. Rechts Amor mit Schere und Elle. Signiert: MB (ligiert).

Rs. Zwei Männer und eine Frau beim Spiel an einem runden Tisch. Signiert: W.

Geprägt mit je einem Stempel Martin Brunners (Vs.) und Peter Paul Werners (Rs.).

Literatur: Vs.: Fieweger 143. — Rs.: Goppel-Plum 5892 mit Rs. Kat. Nr. 295. — Kahane 4 — Philippovich S. 345.

298. Vs. EN ELEVATO PEDE FORAMEN! R 1891

(Bein in die Höhe, da ist ja das Loch.) Eine rechts sitzende Frau wird von einem jungen Arzt am Fuß operiert, ein Alter mit Pelzmütze und Brille betrachtet den Vorgang und hält das Bein. Signiert: MB (ligiert). Rs. Wiederholung von Kat. Nr. 255 Rs.

Geprägt mit Stempeln Martin Brunners.

Literatur: Brettauer 4839 (Brettstein). — Fieweger 144 (Brettstein). — Rs.: Goppel-Plum 5893.

Zwetschge (die braunen Steine), Ahorn (die schwarzen Steine). Dm. 5,4 cm. S. 1,5 cm.

Erworben vor 1883.

299. Vs. SVB AQVILAE ROMANAE ALIS QVIESCO R 2916

(Ich ruhe unter den Fittichen des römischen Adlers.) Unten: NORIBERGA VRBI / VM REGINA · Ansicht von Nürnberg. Signiert: MB (ligiert).

Rs. SIC PVBLICA COMMODA STABVNT.

(So wird es um den Staat wohl bestellt sein.) Gerechtigkeit und Frieden reichen einander die Hand. Oben 2 Putten mit Lorbeerzweig.

Die Vs. geprägt mit einem Stempel Martin Brunners.

In der Form den vorigen entsprechend, nach Material und Farbe jedoch nicht zu dieser Serie gehörig. Ein zugehöriger Brettstein (R 2903) entspricht der Kat. Nr. 285.

Birnbaum. Dm. 5,3 cm. S. 1,5 cm.

Erworben vor 1893.

NÜRNBERG, 2. JAHRZEHNT 18. JH. SECHS BRETTSTEINE

mit breitem, nach innen schwach profiliertem Rand.

300. Vs. FRIDERICVS . D . G . REX . BORRVSSIAE . EL . BRAND . R 2042

Friedrich I. König in Preußen (1657—1713, regiert seit 1701), Brustbild nach rechts.

Rs. AVFF KRIEGEN VOLGT SIGEN

Reiterschlacht. — Wiederholung Kat. Nr. 308.

301. Vs. FRID · WILH · D · G · REX · BORVS · EL · BR · R 2041

120. Kat. Nr. 300, 301
302, 303
304, 305

Friedrich Wilhelm König in Preußen (1688 bis 1740, regiert seit 1712), Brustbild nach rechts. — Wiederholung Kat. Nr. 313.

Rs. BEROLINVM.

Ansicht von Berlin

302. Vs. NVRNBERG R 2044

Ansicht von Nürnberg, oben 3 Wappen. — Wiederholung Kat. Nr. 306.

Rs. VRBIS . HAMBVRGIAE .

Ansicht von Hamburg, im Vordergrund Schiffe.

303. Vs. MVNCHEN R 2043

Ansicht von München. — Wiederholung Kat. Nr. 318.

Rs. Vor einer sitzenden Schäferin steht ein Schäfer und bläst Flöte.

Literatur: Rs.: Fieweger 103. — Kahane 86 (mit Umschrift).

304. Vs. DIE KINDER WIEG ICH GERN, WANS NVR DIE MEINEN WERN R 2045

Ein Vater mit einem Kind auf dem Arm, ein Mädchen vor ihm, ein Kleinkind in der Wiege. Signiert: MB (ligiert).

Rs. ICH WAERME BALD, DER ALT IST KALD.

Eine Frau steht neben ihrem Liebhaber, der den alten Ehemann beiseite schiebt. Signiert: MB (ligiert). — Wiederholung Kat. Nr. 317.

Geprägt mit Stempeln Martin Brunners.

305. Vs. PER POSTO R 2046

Ein buckliger Narr mit einem Brief. — Wiederholung Kat. Nr. 309.

Rs. QVIS GVPIT

(Wer will?) Ein buckliger Narr mit zwei Dolchen.

Ahorn, schwarz gebeizt. Dm. 5 cm, S. 1 cm.

Erworben 1875.

121. Kat. Nr. 306, 307 310, 309 311

NÜRNBERG, UM 1745
SECHS BRETTSTEINE
mit abgesetzter Hohlkehle an der Innenseite des für sich gedrechselten Randringes.

306. Vs. IMPERII DECVS ET PRAESIDIVM — ANGLOR GLORIA GALL TERROR — HOSTIVM VICTOR CAESAR VICTOR R 2911

(Die Zierde und der Schutz des Reiches — Der Ruhm Englands, der Schrecken Frankreichs — Der kaiserliche Sieger über die Feinde.) Drei Medaillons mit den Büsten Ludwig Wilhelms von Baden (1655—1707), Marlboroughs (1650—1722) und des Prinzen Eugen (1663—1736), jeweils nach rechts. Umschriften: LVD WILH MARCH BADEN — IOHANN DVX MARLEBVRG — EVGENIVS DVX SABAVI

Rs. Wiederholung von Kat. Nr. 302 Vs. Vorderseite geprägt mit einem Stempel Martin Brunners für eine Medaille auf die Schlacht bei Höchstädt, 1704.

Literatur: Vs.: Der Türkenlouis Nr. 389. — Franks-Grueber CXXXIV 1 (beides Brettsteine mit nicht zugehörigen Gegenseiten!). — F. Wielandt, Münzen und Medaillen zur Geschichte des Türkenlouis. In: Zeitsch. f. d. Geschichte des Oberrheins 118. 1970, S. 333, Nr. 22.

307. Vs. CAROLVS VII D G . ROM . IMP . SEMP . AVG . R 2910

Kaiser Karl VII. (1696—1745, 1742 Kaiser) als Imperator, Brustbild nach rechts. Rs. Wiederholung von Kat. Nr. 303 Vs.

308. Vs. CAR HENR DVX LOTHAR S R MAI H & B DVX BELL R 2909

Karl Alexander von Lothringen (1712 bis 1780, Generalfeldmarschall und Statthalter in den österreichischen Niederlanden),

122. Kat. Nr. 312, 313 314, 316 315, 317

Brustbild nach rechts. Im Armabschnitt signiert: I L OE. — Wiederholung Kat. Nr. 315.

Rs. Wiederholung von Kat. Nr. 300 Rs.

Vorderseite geprägt mit einem Stempel Johann Leonhard Oexleins (1715—87) für eine Medaille auf den Sieg über die französisch-bayerischen Truppen bei Braunau, 1743, nach einer Medaille von Vestner mit dem gleichen Fehler des Vornamens. (Vgl. M. A. Johanne, Schau- und Denkmünzen der Kaiserin Königin Maria Theresia. Wien 1782, XXVIII.).

309. Vs. ICH REISE FORT VON DIESEN ORT R 2913

Ein Soldat reitet nach rechts, links unter der Tür eine Frau mit Kanne, sich die Tränen trocknend.

Rs. Wiederholung von Kat. Nr. 305 Vs.

310. Vs. NACH HAVS MIT DIR WAS SAVFTS ALHIR R 2914

Zwei Zecher und ihre schimpfenden Frauen in einem Wirtsgarten.

Rs. ICH KOMM VON SCHMAVS · SEHR SCHLECHT NACH HAVS

Eine Frau holt ihren Mann vom Wirtshaus ab. — Wiederholung Kat. Nr. 316.

Literatur: Rs.: Fieweger 138. — Kahane 150.

311. Vs. ICH LIEBE DICH · DV LIBEST MICH · R 2915

Liebespaar in einem Garten.

Rs. WIR VERTREIBEN DIE ZEIT IN LVSTBARKEIT

Zwei Paare an einem Tisch.

Ahorn. Dm. 5,5 cm. S. 1,5 cm.

Erworben vor 1883.

NÜRNBERG, UM 1760
SECHS BRETTSTEINE

Die geprägte Darstellung in einen für sich gedrechselten Ring mit breitem Profil eingesetzt.

312. Vs. LACESSOR HAVD IMPVNE R 2000 (Der Herausforderer bleibt nicht unge-

123. Kat. Nr. 318, 319

straft.) Eine kleine Medaille von Karl XII., König von Schweden (1632—1718, König 1697), mit Umschrift: CAROLVS XII D.G. REX · SVECO, gehalten von wei Putten. Unten stürmt ein Löwe über Gefallene.

Rs. DANTZIG

Ansicht von Danzig, von der See aus.

Geprägt mit Stempeln für eine Medaille vermutlich auf den Nordischen Krieg, 1701.

313. Vs. Wiederholung von Kat. Nr. 301 Vs. R 2048

Rs. FRIDERICVS BORVSSORVM REX

Friedrich I. in Preußen (1657—1713, König 1701), Brustbild nach rechts.

314. Vs. MARIA THERESIA HVNGAR · BOHEM REG ARCHID AVST R 2002

Kaiserin Maria Theresia (1717—1780), Brustbild nach rechts.

Rs. DIE STADT PRAG

Ansicht von Prag.

315. Vs. Wiederholung von Kat. Nr. 308 Vs. R 2008

Rs. FRANCCISCVS III D . G . DVX LOTHE .

Franz III. von Lothringen (1708—1765, tritt 1736 Lothringen ab), Brustbild nach links.

316. Vs. BEHALTS VOR DICH · KEIN KLEINS BRAVCH ICH · R 2007

Zwei Frauen mit einem Kleinkind bedrängen einen Narren.

Rs. Wiederholung von Kat. Nr. 310 Rs.

317. Vs. Wiederholung von Kat. Nr. 304 Rs. R 1932

Rs. TRAU NICHT, ES STICHT.

Ein Liebespaar vor einer Rose, auf die Amor mit mahnend erhobenem Zeigefinger hinweist. Breiter rahmender Streifen mit Laub- und Bandelwerk. Signiert: MB (ligiert). Vgl. Rs. von Kat. Nr. 295 mit einer wörtlichen, aber größeren Wiederholung dieser Dartstellung, bez: PPW!

Geprägt mit Stempeln Martin Brunners.

Literatur: Philippovich S. 344. — Rs.: Kahane 82 (Brettstein).

Zwetschge. Dm. 5,6 cm. S. 1,4 cm.

Erworben vor 1883.

NÜRNBERG, UM 1770
ZWEI BRETTSTEINE
mit breitem unprofilierten Rand

318. CARL · ALB · D · G · H · I · B · C · & · 22/31

Kurfürst Karl Albrecht von Bayern (1697 bis 1745, Kurfürst 1726, König von Böhmen 1741, deutscher Kaiser 1742), Brustbild nach rechts.

Rs. Wiederholung von Kat. Nr. 303 Vs.

319. IOSEPHVS II · D · G · ROM · IMP · SEMP · AVG · 22/32

Kaiser Joseph II. (1741—1790, Kaiser 1765), Brustbild nach rechts.

Rs. WIEN

Ansicht von Wien

Ahorn, schwarz gebeizt. Dm. 5,2 cm. S. 1,2 cm.

Erworben 1922 aus Kunsthandel München.

BELAGERUNG

Ein taktisches Spiel, das vermutlich erst im 17. Jahrhundert erfunden wurde, ist das Belagerungsspiel. Im System gleicht es einem älteren Spiel, „Wolf und Schafe", das auf dem Damebrett gespielt wird. Hierbei stehen 4 weiße Steine (die Schafe) einem schwarzen (dem Wolf) gegenüber. Weiß darf nur vorwärts ziehen, Schwarz in allen Richtungen. Das Spiel ist beendet, wenn die weißen Steine den schwarzen eingeschlossen haben, oder wenn der schwarze Stein auf die letzte Reihe des Gegners gekommen ist.
Das Belagerungsspiel hat seinen eigenen Spielplan. In der „Festung", den 9 Feldern des oberen Kreuzarmes, stehen zwei Verteidiger, auf den 24 übrigen Feldern die Angreifer. Gezogen wird auf den Linien jeweils ins nächste Feld. Die Verteidiger dürfen, im Gegensatz zu den Angreifern, ungedeckte Figuren schlagen. Die Angreifer haben gewonnen, wenn sie alle neun Felder der Festung besetzt haben, die Verteidiger dann, wenn die Angreifer nur noch im Besitz von acht Figuren sind.

124. Kat. Nr. 320

DEUTSCHLAND, 2. HÄLFTE 18. JH.

320. SPIELKASTEN 29/550

Der Spielplan intarsiert, am oberen Rand Festungsarchitektur. Seitlich eine Schublade, die sich durch Druck auf eines der runden Spielfelder öffnen läßt. Von den ursprünglich zugehörigen Figuren nur ein aus Buchs geschnitzter Soldat erhalten.

Ahorn, Nußbaum, Blindholz Tanne. 23,7 mal 26 mal 4,2 cm. — Kleinere Furnierstücke ergänzt.

Erworben 1929 mit der Sammlung von Lioba Freiin von Mantey-Dittmer, München.

125. Kat. Nr. 321

DEUTSCHLAND, UM 1800

321. SPIELPLAN Gg 1065

Oben seitlich jeweils zweimal die gleiche Gruppe von Soldaten, die einen Mörser abschießen, unten Lagerszenen.

Radierung, koloriert. 322 x 299 mm. — Ringsum beschnitten, in den Falten gebrochen, rechts eingerissen.

TAKTISCHE GLÜCKSSPIELE

TRICK-TRACK

Das Trick-Track-Spiel benötigt einen doppelt breiten Spielplan mit zweimal sechs Feldern auf jeder Seite. Diese Felder sind in Form von langen, zur Mitte weisenden Spitzen ausgebildet. Es gibt zahlreiche Variationen dieses Spiels, von denen die einfachste das deutsche Puff ist:

Bei Beginn des Spieles sind alle Steine — jede Partei besitzt fünfzehn — außerhalb des Brettes. Es wird mit zwei Würfeln geworfen und entsprechend der Augenzahl werden zwei Steine gesetzt, wobei beide Spieler auf ihrer Seite am gleichen Ende beginnen. Wenn alle Steine gesetzt sind, wird gezogen. Trifft ein Stein auf ein Feld, das von einem gegnerischen Stein besetzt ist, wird er geschlagen und muß wieder neu eingespielt werden. Hat eine Partei zwei oder mehr Steine auf einem Feld, kann dieses vom Gegner nicht besetzt werden. Sind alle Steine einer Partei im letzten Viertel der Gegenseite angekommen, werden sie aus dem Spiel wieder herausgewürfelt. Sieger ist, wer zuerst alle Steine ausgespielt hat.

Auch vom Puff gibt es Varianten, so können z. B. beide Parteien vom gleichen Feld ausgehen und in gleicher Richtung vorrücken.

Das französische Trick-Track unterscheidet sich vom Puff im wesentlichen dadurch, daß gegnerische Steine nicht geschlagen werden. Man setzt statt dessen eine Marke auf die erste Spitze und rückt mit dieser Marke um ein Feld vor, jedesmal wenn man auf ein Feld trifft, das nur von einem gegnerischen Stein besetzt ist. Derjenige Spieler hat gewonnen, dessen Marke zuerst am zwölften Feld ankommt. An Trick-Track-Brettern befinden sich häufig am Rand Bohrungen, die zum Einstecken dieser Marken dienen.

Der Sage nach wurde Trick-Track von den Phöniziern erfunden. Vermutlich hat aber auch dieses Spiel seinen Ursprung in Indien und ist, wie das Schach, über die Araber nach Europa gelangt. Unter dem Namen „Nord“ und „Nerdshir“ scheint es sich im ersten Jahrtausend n. C. in der arabischen Welt größter Beliebtheit erfreut zu haben. Angeblich war es auch den Griechen, sicher aber den Römern bekannt. Siehe auch S. 38 f.

Der deutsche Name des Spiels, „Puff“, bedeutet nichts anderes als „Pasch“, nämlich einen Wurf mit zwei Würfeln, bei dem beide Würfel die gleiche Augenzahl aufweisen.

126.
Kat. Nr. 322

VENEDIG, 15. JH.

322. KÄSTCHEN MA 2523

Die Seitenwände in vier bzw. zwei Felder unterteilt, darin auf der Spitze stehende Quadrate mit geometrischen Ornamenten: in der Mitte grüner achtzackiger Stern, von durchsteckten Bändern umgeben. Auf dem Boden diagonal verlaufendes Schachbrettmuster, auf dem Deckel Trick-Track-Plan. Innen im Deckel geometrische Ornamente, in der Mitte in rundem (neuen) Rahmen kolorierter Holzschnitt mit der Darstellung der hll. Kilian, Kolonat und Totnan als Halbfiguren über Weinlaub und dem Wappen des Bistums Würzburg.

Bein, teilweise grün gefärbt, Nußbaum, Palisander, Blindholz Eiche. 11,3 x 23,1 x 14,8 cm. — Der Holzschnitt zweifellos später zugefügt, als das profane Kästchen offensichtlich einem kirchlichen Zweck zugefügt wurde.

Erworben vor 1883.

Im 15. Jahrhundert bestand in Venedig eine regelrechte Industrie für die Fertigung derartiger „Cofanetti nuciali", die außerdem Kämme, Haarstiele, Spiegel u. ä. Gerät herstellte. Von prächtigen mit geschnitzten Reliefs versehenen Kästchen bis zur Dutzendware sind alle Spielarten vorhanden. Ein sehr ähnlicher Kasten, ebenfalls mit eingelegtem Trick-Track-Plan, wurde am 23. 3. 1971 bei Sotheby versteigert (Nr. 4). Vgl. auch Katalognummer 42.

VENEDIG, 15. JH.
TRICK-TRACK
Siehe Kat. Nr. 42.

SÜDDEUTSCHLAND, UM 1500
TRICK-TRACK
Siehe Kat. Nr. 43.

NIEDERBAYERN, UM 1560/70
TRICK-TRACK
Siehe Kat. Nr. 44.

127.
Kat. Nr. 323

SÜDDEUTSCHLAND, UM 1560—1580
TRICK-TRACK
Siehe Kat. Nr. 45.

INDIEN, VOR 1571
TRICK-TRACK
Siehe Kat. Nr. 46.

SÜDDEUTSCHLAND,
2. HÄLFTE 16. JH.
TRICK-TRACK
Siehe Kat. Nr. 47.

DEUTSCHLAND, ENDE 16. JH.

323. BRETTKASTEN R 3366a

In der Art eines Brettspiels, die Außenseiten völlig schmucklos. Der Rahmen innen geschnitzt mit Ranken, in der Mitte jeweils ein Pelikan bzw. zwei schnäbelnde Tauben über einer Krone. Am Stoß zweimal ein Wappen mit zwei Butten, Spangenhelm mit fünfzackiger Krone, Helmzier ein Horn (v. Buttlar?). Dabei: „E G V B". Die Trick-Track-Spitzen in Hellebardenform.

Nußbaum, Elfenbein. 51 x 46 x 12,5 cm. — Außen zerkratzt, ausgespänte Risse.

Erworben vor 1883.

DEUTSCHLAND, ENDE 16. JH.
TRICK-TRACK
Siehe Kat. Nr. 48.

AUGSBURG, UM 1600
TRICK-TRACK
Siehe Kat. Nr. 49.

DEUTSCHLAND, 2. VIERTEL 17. JH.
TRICK-TRACK
Siehe Kat. Nr. 50.

NIEDERLANDE, MITTE 17. JH.
TRICK-TRACK
Siehe Kat. Nr. 51.

SÜDDEUTSCHLAND,
3. VIERTEL 17. JH.

324. PLATTE EINES SPIELTISCHES
R 2862

Tischplatte mit einfacher Rahmung. Eingelegter Trick-Track-Plan aus Solnhofener Stein. Die Spitzen und das Mittelband mit feinen Ranken geätzt und schwarz gefüllt.

Eiche, Solnhofener Stein. 112 x 62,5 cm. — Das zugehörige Tischgestell nicht mehr vorhanden.

Erworben vor 1883.

Zu den Steinätzungen vgl. Kat. Nr. 44.

SÜDDEUTSCHLAND,
2. HÄLFTE 17. JH.
TRICK-TRACK
Siehe Kat. Nr. 52.

AUGSBURG, 4. VIERTEL 17. JH.
TRICK-TRACK
Siehe Kat. Nr. 53.

INNSBRUCK(?), 4. VIERTEL 17. JH.

325. SPIELTISCH NN 1162

Vier gedrehte Säulenbeine, durch einen kreuzförmigen Steg verbunden, tragen den Tischkasten, der im unteren Teil abgeschrägt ist. Einzelne Felder durch Flammleisten abgeteilt, ringsum insgesamt neun Schubladen.

Die Platte durch schmale Riemen in zehn Felder geteilt, darin langgezogene Stern- und Rosettenmotive. Das mittlere Feld läßt sich herausnehmen. Auf der Unterseite nebeneinander Schach- und Mühleplan, in der Öffnung Trick-Track.

An einer Schmalseite läßt sich ein Billardtisch herausziehen. Die Platte mit grüner

128. Kat. Nr. 324

Seide bezogen, an den Ecken und in der Mitte der Langseiten je eine halbrunde Öffnung. Die geschweift ausgesägten Stützbretter werden in Grate eingeschoben. Die Schublade darüber ist ein schmales, langes Tisch-Mail-Spielbrett, auf dem Kugeln mit zwei abgeknickt geschweiften Queues in verschiedenwertige Fächer gestoßen werden. Der Verschluß der Fächer fehlt. In der großen Schublade einer Langseite je ein Spielbrett mit Löchern und mit am Rand umlaufenden Fächern, letzteres weiß mit einfacher Rankenbemalung. Die übrigen Schubladen sind für die Spielfiguren, für einen Satz Kegel und für Schreibzeug eingerichtet. Dabei ein Gewinnbuch, in das die einzelnen Gewinne gemalt sind: zwei silberne Löffel und Münzen, vom Groschen bis zum Dukaten, vorwiegend österreichi-

129.
Kat. Nr. 325

sche, aber auch französische, schwedische und braunschweigische Prägungen.

Birnbaum, schwarz gebeizt, Blindholz Tanne. Platte und Spielbretter Zeder, Eiche, Palisander, Elfenbein. 84 x 143,5 x 100 cm. — Eine kleine Schublade fehlt, eine Stützleiste des Mailspiels ergänzt.

Erworben vor 1883.

HOLLAND, ENDE 17. JH.

326. SPIELTISCH R 1006

Vier langgezogene Balusterbeine mit Scheibenfüßen werden durch einen abgesetzt geschwungenen Kreuzsteg verbunden. Zwischen kräftige Eckklötze ist die Zarge gespannt, an einer Langseite mit Schublade. In die ausladende Platte ist ein Trick-Track-Plan vertieft eingelassen. Der ganze Tisch schwarz poliert. An Zarge und Platte schlichte Verzierungen durch Rahmungen in rötlichem Nußbaum, von Zinnadern begleitet. Jeweils in der Mitte der Seiten Reserve in Schildpatt, in den Ecken Perlmutteinlagen. Die Spitzen des Trick-Track wechselnd in Schildpatt und Perlmutt auf Ebenholz.

In der Schublade Zettel: „Von Ihro Churfürstl. Durchlaucht C:T: von der Pfaltz anhero geschenkt. Von Heinrich Otto Herzog zu Neuburg herkommendt.“

Eiche, Birnbaum, Nußbaum, Schildpatt, Perlmutt, Zinn. 76,5 x 100 x 56,5 cm. — Schubladengriffe fehlen; ebenso die ursprünglich aufgeleimten Befestigungsleisten für die Platte. 1970 Metallnutklötze angebracht. — Der Steg stark bestoßen.

Erworben 1866/67 aus den Vereinigten Sammlungen. Angeblich aus dem Besitz Ottheinrichs von der Pfalz.

WIEN, FRANZ ANTON HERMANN, UM 1730
TRICK-TRACK
Siehe Kat. Nr. 54.

AUGSBURG, ELIAS BÄCK, UM 1730
TRICK-TRACK
Siehe Kat. Nr. 55.

SÜDDEUTSCHLAND, UM 1740
TRICK-TRACK
Siehe Kat. Nr. 56.

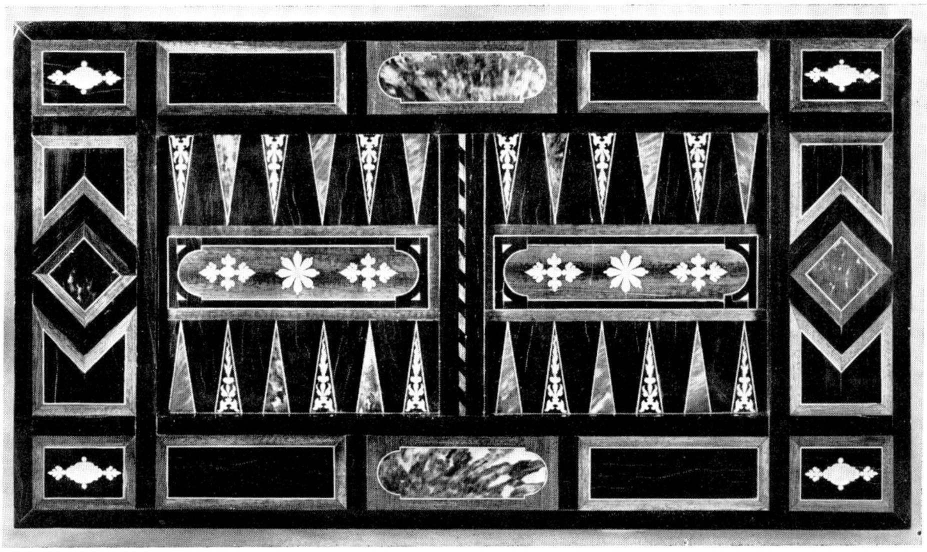

130. Kat. Nr. 326

131. Kat. Nr. 326

SÜDWESTDEUTSCHLAND,
UM 1780/90

327. SPIELTISCH 27/430

Trick-Track, Roulette, Gänsespiel, Käuzchenspiel, Eremitenspiel.

Kantige verjüngte Beine mit Mittelkannelur enden über zwei flachen Profilen in Eckklötzen mit vertieften „Füllungen", zwischen die die Zarge gespannt ist. Lose aufgelegte Platte, auf der einen Seite mit Leder bezogen, auf der anderen Seite eingelegte Roulette mit drei Kreisen: innen

132. Kat. Nr. 327

133. Kat. Nr. 327

die Buchstaben A bis F, in der Mitte arabische, außen römische Zahlen. Im Zentrum Metalleinsatz zur Aufnahme des Zeigers. Im Innern des Tisches eingelegter Trick-Track-Plan, die Spitzen wechselnd Esche und Mahagoni. Auf der Kante der Zarge von Elfenbeinringen gefaßte Löcher. Zwei weitere Spielbretter als Einsätze. Die größere Platte zeigt auf der einen Seite ein Gänsespiel: 63 Felder in zwei Reihen eines Ovals angeordnet, die Sonderfelder mit gravierten Zeichnungen. In der Mitte 37 schwarz gerahmte Löcher für das Eremiten-Spiel. Auf der anderen Seite das Käuzchenspiel: 6 konzentrische Kreise, die drei inneren mit je 20, die drei äußeren mit je 36 Feldern jeweils in den äußeren Feldern drollige bildliche Darstellungen, im mittleren Streifen die Angabe, wieviel zu nehmen oder zu geben ist, im inneren jeweils drei Würfel mit verschiedener Augenzahl. In der Mitte ein drehbarer eiserner Zeiger. Das kleinere Brett zeigt auf der einen Seite ein Oval mit Zahlen und sechs Würfelseiten, auf der anderen Seite Setztafel mit zehn jeweils neunfach unterteilten Zahlenfeldern.

Nußbaum, Ahorn, Eiche, Mahagoni, Blindholz Tanne, Elfenbein. 75,5 x 63,5 x 49,5 cm. — Offensichtlich wurde der Tisch zu dem vorhandenen Spielbrett angefertigt. Dieses wurde dabei um die beiden seitlichen Friese verbreitert. Ergänzt: die oberen Flachprofile an den Beinen, Leder und Kante der Platte.

Erworben 1927 aus dem Nachlaß von Joseph Ungerer, München.

Literatur: Nachlaß Joseph Ungerer München. Verst. Hugo Helbig München, 18./19. Okt. 1927, Nr. 273.

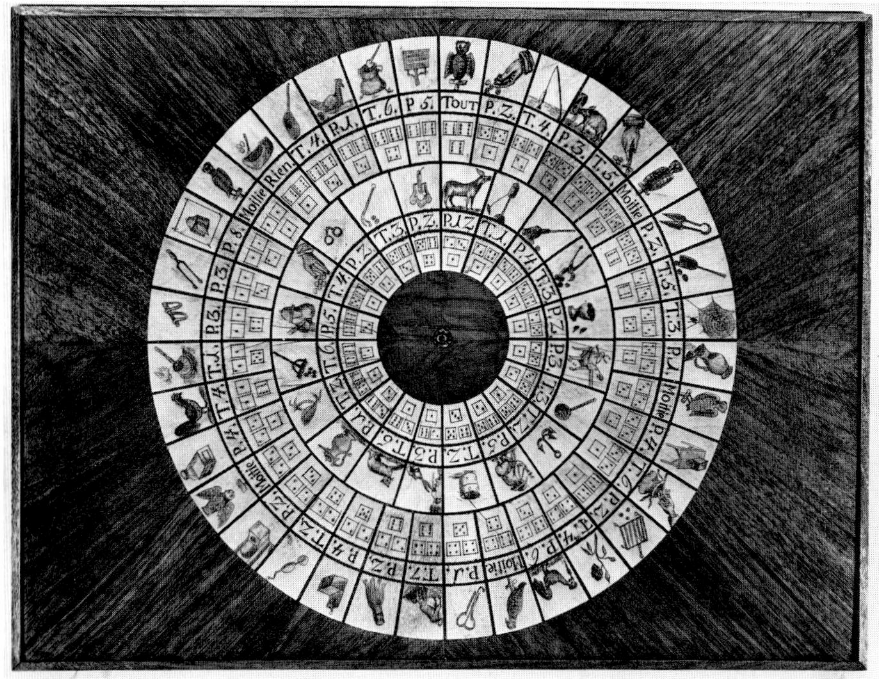

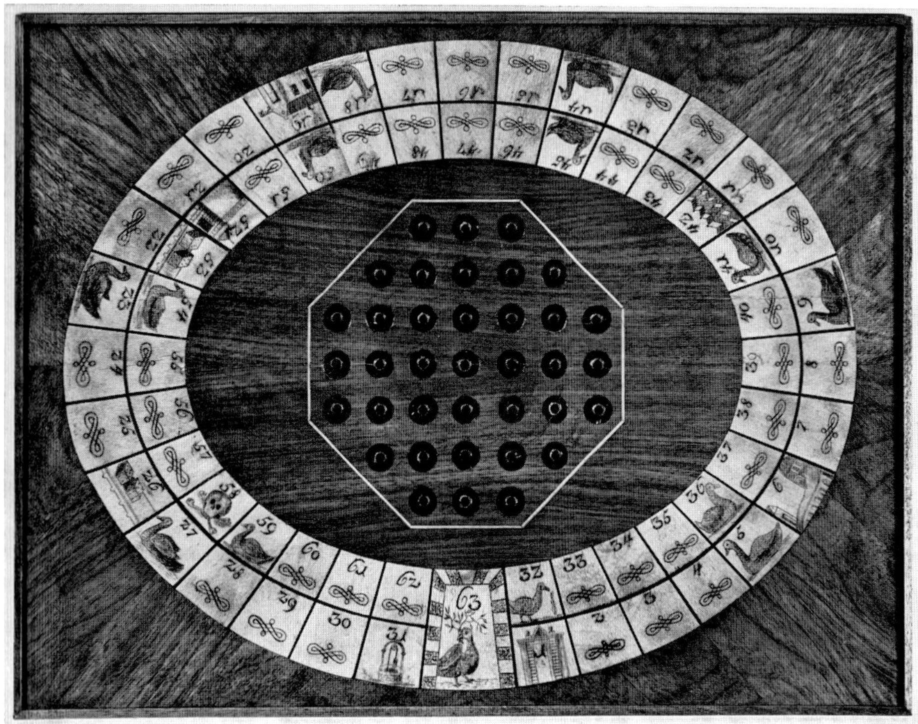

134, 135. Kat. Nr. 327

POCH

Fast alle Kartenspiele sind taktische Glücksspiele. Der Spielverlauf hängt weitgehend davon ab, welche Karten man zufällig erhält, andererseits kann der Spieler durch geschicktes Taktieren das Spiel beeinflussen. Zum Pochen benötigt man außer einem Kartenspiel ein Spielbrett mit zumeist acht Fächern, die mit Spielkarten oder Spielkartenkombinationen bezeichnet sind. Ein Fach dient zum „Pochen", für das weitere Spiel kann ein neuntes Fach vorhanden sein. Jeder Spieler gibt vor Beginn des Spiels in jedes Fach, mit Ausnahme des Pochfachs, eine Marke. Nach Verteilen der Karten leert jeder Spieler, der eine den Fächern entsprechende Karte oder Kartenkombination in der Trumpffarbe hat, das entsprechende Fach. Nun beginnt das Pochen. Spieler, die zwei oder mehr aufeinanderfolgende Karten gleicher Farbe (einen Poch) haben, können so viel Marken wie sie wollen in das Pochfach geben. Wer eine bessere Kartenfolge zu haben glaubt, „hält" den Poch, d. h. er gibt ebensoviele Marken in das Pochfach. Der erste Spieler kann wieder nachpochen. Der höchste Poch gewinnt das ganze Pochfach. Sodann werden die Karten ausgespielt, entweder durch Bilden von Reihen gleicher Farben oder durch Stechen, wobei gewonnen hat, wer zuerst alle Karten weggebracht hat.

Poch dürfte ein verhältnismäßig junges Spiel sein, das aus der Verbindung von drei älteren Spielen entstanden ist. Der erste Teil ist nichts anderes als das Glückshaus (s. unten), wobei an die Stelle der Würfel die Karten treten. Er könnte auch in mehreren Runden gespielt werden. Der zweite Teil ist völlig unabhängig vom ersten. Das gegenseitige Reizen ist aus anderen Kartenspielen übernommen. Der dritte Teil schließlich — wiederum völlig unabhängig von den beiden anderen — ist ein normales einfaches Kartenspiel, das daher auch nach verschiedenen Regeln gespielt werden kann, oder ganz entfällt. Die erste und die dritte Phase vereint in etwa das Spiel „Der gelbe Zwerg". Das Pochbrett Kat. Nr. 328 mit seinen nur sechs Feldern und seiner primitiven Form läßt darauf schließen, daß damals das Spiel seine endgültigen Regeln noch nicht gefunden hatte. Das Germanische Nationalmuseum besitzt ein Pochbrett mit nur vier Mulden (HG 1713). Das Spiel dürfte also wohl um 1500 entstanden sein; sowohl Hans Sachs (I, S. 518, 1558) und Johann Fischart (Gargantua, 1594) erwähnen es.

Pochen oder bochen hat neben seiner heutigen Bedeutung ursprünglich auch den Sinn von prahlen, herausfordern (Grimms Deutsches Wörterbuch). Die Wortverwandtschaft führte dann dazu, das Pochfeld durch einen Geißbock zu kennzeichnen.

Kat. Nr. 357

136.
Kat. Nr. 328

SÜDDEUTSCHLAND,
ANFANG 16. JH.

328. POCHBRETT R 88

Schlichte Tafel, dunkelgrün gefaßt, durch weiße Linien in 36 rechteckige Felder geteilt. Am oberen Rand aufgeklebter Papierstreifen mit sechs aquarellierten Federzeichnungen: Herz Zwei mit Schriftband, darin „ICH", Herz König, Herz Ober, Herz Unter, Herz Zehn, Ziegenbock.

Tempera auf Fichte, Feder aquarelliert auf Papier. 37,5 x 29,3 cm. — Papier mehrfach ausgerissen.

Erworben vor 1883.

SÜDDEUTSCHLAND, 1527

329. POCHBRETT MIT GLÜCKSHAUS R 93

Vorderseite: Auf die rechteckige Tafel ist eine Säulenarchitektur gemalt. In vier Stockwerken je zwei Mulden, seitlich die zugehörigen Bilder, in den Mulden die Anfangsbuchstaben: Schellen-König, Schellen-Ober, Schellen-Unter, Sau; und: Bogenschütze, Braut, Schellen-, Blatt- und Eichel-Zwei und die Sequenz (Schellen-Sechs, -Sieben und -Acht). Oben in den Ecken zwei leere Wappenschilde, in der Mitte Jahreszahl.

Rückseite: Ein in weißen Linien gezeichneter Aufbau um sieben Mulden, darin: b, k, o, g, z, v, m.

Tempera auf Fichte. 51,5 x 28,5 cm. — Farbschicht in großen Partien abgesprungen.

Erworben vor 1883.

OBERDEUTSCH, UM 1580

330. POCHBRETT
MIT ZEIGERROULETTE I 14.104

Rahmen zur Füllung hin profiliert, die Oberseite rot mit gelbem Rankenstreifen.

137. Kat. Nr. 329

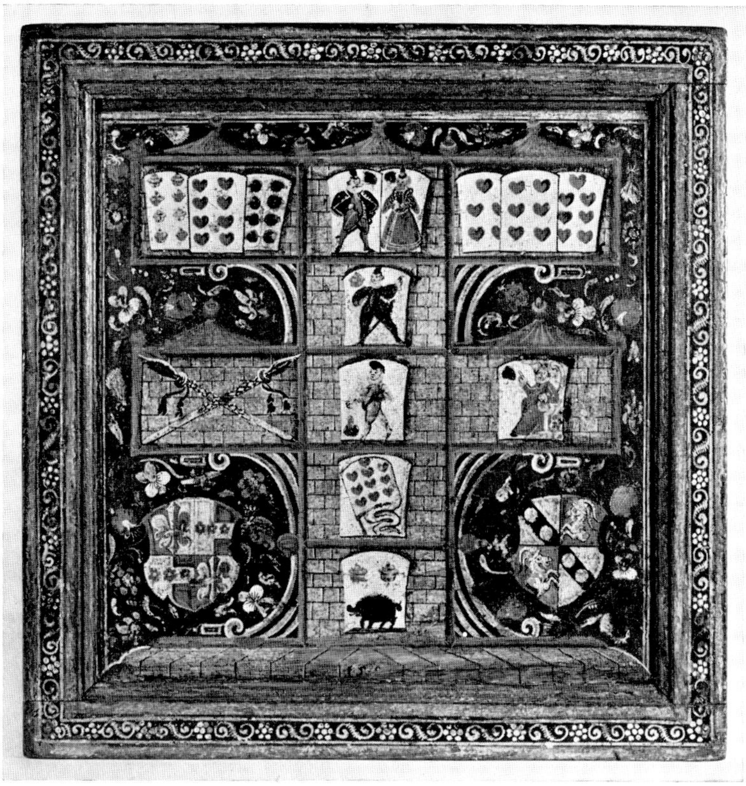

138.
Kat. Nr. 330

Das Spielfeld der Vorderseite wird von einer doppelkreuzförmigen Architektur mit Mauerwerk und roten Dächern gebildet, umgeben von reichen Ranken. Die Felder sind mit den entsprechenden Kartenbildern gefüllt, im Pochfeld zwei gekreuzte Saufedern. Unten seitlich je ein Wappen, links Welser, rechts Paler. (Am 18. 6. 1571 heiratet Wolfgang Paler Rosina Welser.) An der gemalten Stufe ganz unten die Datierung, von der nur die Ziffern 15 und der Oberteil der 8 erhalten sind.

Rückseite „Offenes Kartenspiel": vier konzentrische Kreise mit 48 Kartenbildern, die hohen Werte mit König und Dame außen, die niedrigen innen, radial jeweils eine andere Farbe. In der Mitte eiserner Zeiger zum Drehen.

Wismuth und Tempera auf Buche. 35,3 x 35,2 cm. — Die Bemalung weitgehend zerstört und vielfach restauriert.

Erworben vor 1883.

Aus der gleichen Werkstatt stammt das Spielbrett Kat. Nr. 352.

SÜDDEUTSCHLAND, 1711

331. POCHBRETT I 14.853

Achteckiges Brett mit acht eiförmigen Vertiefungen. Die Fächer marmoriert. In der Mitte in Fraktur „Das Bockel Spiel 1711". In den Vertiefungen die Kartenbilder gemalt und jeweils mit Umschriften versehen: „Die Braut soll (keiner mit einem Finger) rühren"; „und König mit sich führen"; „Wer Zehn hat kan das nehmen"; „Wers beste Sequens hat der kan mit dem sich laben"; „Wer aber bocklen (will) muß etwas gleiches Haben"; „das ist gut Für dich, du darffst dich (de)s nicht schämen"; „diß zieht der Unter an", „Er könn den Ober dann".

139. Kat. Nr. 331

140. Kat. Nr. 332

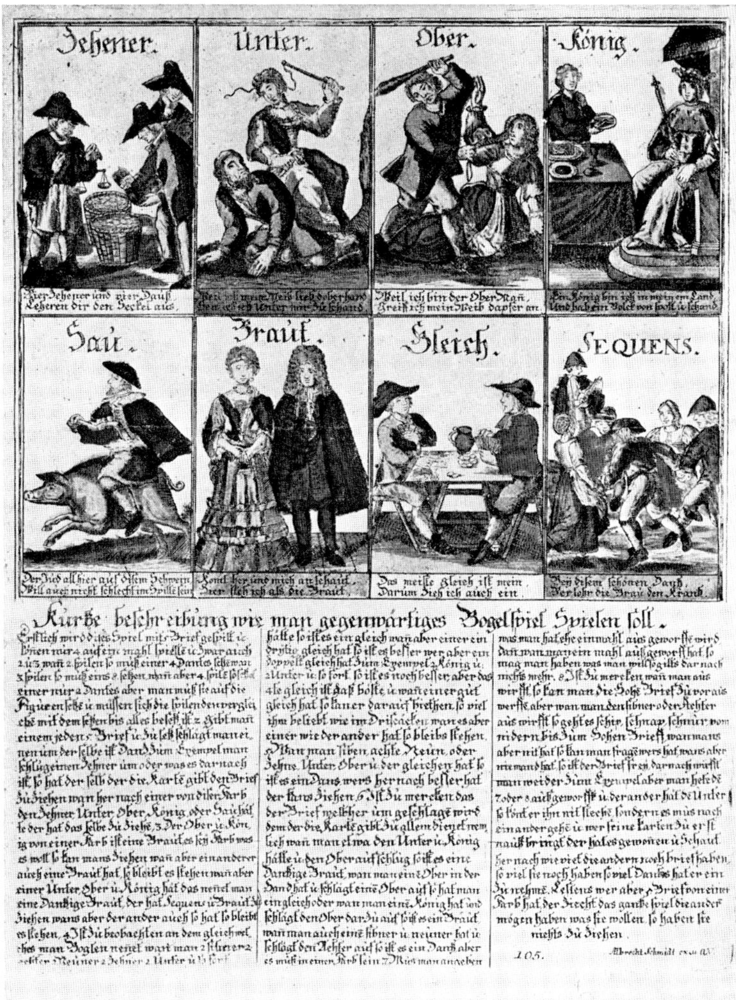

141.
Kat. Nr. 333

Tempera auf Linde. Dm. 36,8 cm. — Bemalung stark abgerieben.

Erworben vor 1883.

Aus der gleichen Werkstatt wie die folgende Katalognummer.

SÜDDEUTSCHLAND, 1713

332. POCHBRETT I 14.854

Achteckiges Brett mit acht eiförmigen Vertiefungen. In der Mitte in Fraktur: „Das Bockel Spiel 1713". In den Vertiefungen die Kartenbilder gemalt und jeweils mit Umschrift versehen: „Die Braut soll keiner Mit einem finger rühren"; „und König mit sich führen"; „Wer Zehn hat kan das Nehmen.", „Wers beste Sequence hat der kann mit dem sich laben.", „Wer (aber bocheln will muß etwas) gleiches haben.", „Das S ist gut für (dich du darfst dich) des nicht schämen"; „Disz Zieht der under an", „Er könn den Ober dann".

Tempera auf Linde. Dm. 38 cm. — Stark abgerieben.

Erworben 1875.

Aus der gleichen Werkstatt wie die vorige Katalognummer.

142. Kat. Nr. 334

AUGSBURG, VERLAG ALBRECHT SCHMIDT, UM 1730

333. POCHPLAN Gg 364

Hochrechteckiger Spielbogen, oben in zwei Reihen je vier Darstellungen zu den Werten mit einem Zweizeiler: „Zehner. Vier Zehener und vier Dauß, Leheren dir den Seckel aus," — „Unter. Weil ich meim Weib ließ doberhand/Heis ich jetzt Unter mir Zu schand." — „Ober. Weil ich bin der Ober Mann, Greiff ich mein Weib dapfer an." — „König. Ein König bin ich in meinem Land, Vnd hab ein Volck von spott u. schand." — „Sau. Der Jud allhier auf diesem Schwein, Will auch nicht schlecht im Spillen sein." — „Braut. Komt her und mich anschaut, Hier steh ich als die Braut." — „Gleich. Das meiste gleich ist mein, Darum Zieh ich auch ein." — „Sequens. Bey disem schönen Dantz, Verlohr die Brau den Krantz." Darunter: „Kurtze beschreibung wie man gegenwärtiges Bogelspiel Spielen soll." mit einer etwas variierten und bereicherten Regel. Unten rechts: „105. Albrecht Schmidt excu. A. V."

Radierung, koloriert. 355 x 271 mm. — Obere rechte Ecke abgeschnitten und eingerissen; verschmutzt, geknickt.

Albrecht Schmidt (1667—1744) war Briefmaler, Formschneider und Kunsthändler in Augsburg, wo er sich 1694, von Ulm kommend, niederließ. Seit etwa 1710 arbeiteten in seinem Verlag die Patronistenmeister David Ulrich Mehrer und Georg Ludwig Knotz. Nach Schmidts Tod wurde der Verlag von seinen Erben weiter betrieben.

SÜDDEUTSCHLAND, 1745

334. POCHBRETT I 14.783

Auf vier Füßen achteckiges Brett mit acht eiförmigen Vertiefungen. Die Fläche orna-

143. Kat. Nr. 335

mental bemalt, in der Mitte in Fraktur: „daß Bochspill 1745". In den Vertiefungen die Kartenbilder gemalt und jeweils mit Umschrift versehen: „Wer mich bekommt der kriegt, was unter meinen Herzen hat", „Wer mich bekommet in das Hauß, der zieche mir die Hosen aus"; „Die Zehne im trumpfen ist so keck, nimt alles was sie hat hinweck"; „Wen einander folgen die karten, darff mich Zur blüt erwarten.", „Zwey gleich zwey böck, die stoßen sich, das höchste nur bekomet mich"; „Hast du die trump Sau in der Hand, so Zieh das Ihre, ist kein Schand", „Was Mein Cron und Scepter Zihrt, Hat, Wer mich in handen führt", „die braut zu sammt den Morgengaben, soll trumpf dam u. König haben".

Tempera auf Linde. Dm. 34,5 cm. — Bemalung zerkratzt.

Erworben 1879.

Ein Pochbrett aus der gleichen Werkstatt von 1734 befindet sich im Germanischen Nationalmuseum Nürnberg (HG 2424).

SÜDDEUTSCHLAND, MITTE 18. JH.

335. POCHBRETT 34/2409

Auf vier gedrehten Füßen steht das schmale, rechteckige Brett mit abgesetztem Rundstabprofil. Die Füße rot, die Kante gold, die Flächen grün, die 8 kugeligen Mulden rot gefaßt. Zwischen den Mulden sind deutsche Spielkarten gemalt, in der Mitte ein Kavalier am Spieltisch, unten ein stehender Kavalier mit geschultertem Degen.

Tempera auf Fichte. 21,5 x 34,7 cm. — Gold stark berieben, Fassung bestoßen, in den Mulden ausgewetzt. 1 Fuß ergänzt.

Erworben 1934 als Geschenk.

144. Kat. Nr. 336

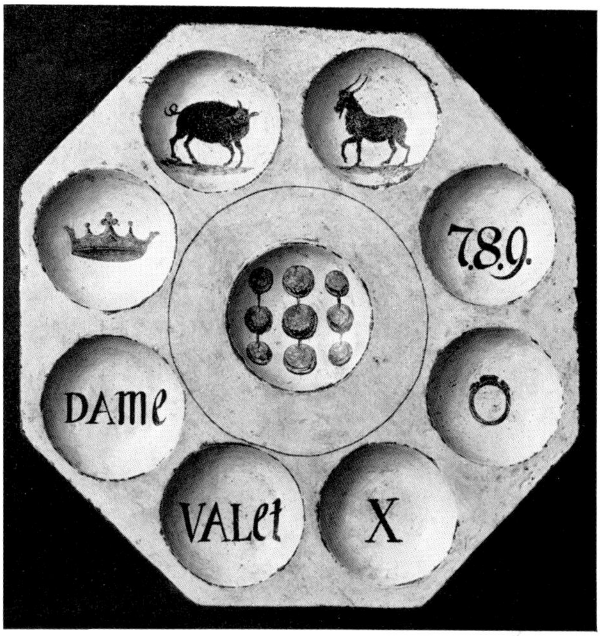

145. Kat. Nr. 337

KÜNERSBERG, UM 1755

336. POCHBRETT 34/384

Rechteckige Platte mit eingerundeten Ecken. Zwei ovale und sechs runde Mulden, darin die Darstellungen für die entsprechenden Karten mit zugehörigen Beschriftungen. Bei der Sequenz befindet sich ein Rosenstrauß, bei der Sau ein Jäger, der einen Eber erlegt, auch Ober und Unter sind Jäger, im Pochfeld eine alte Frau mit Ziegenbock. Die Flächen dazwischen gefüllt mit deutschen Blumen und Schmetterlingen. Die Malerei in lebhaften Farben: Apfelgrün, Gelbgrün, Eisenrot, Manganviolett, Blau, Braun und Schwarz, die Bandelwerkborte in Eisenrot, Grün und Gold.

Facence, Bemalung in Muffelfarben. 38,5 x 29,5 cm.

Erworben 1934 als Legat von Dr. Paul Heiland, Potsdam.

Kostümfigurenmalerei, wie sie in diesem Brett vorherrscht, ist in Künersberg verhältnismäßig selten. Das Bandelwerkmuster am Rand begegnet dagegen sehr häufig. — In der Sammlung Igo Levi befand sich ein Pochbrett aus Schrezheimer Fayence (Auktion Weinmüller München 11./12. 4. 1962, Nr. 323, Taf. 135).

Literatur: E. Fuchs und P. Heiland, Die deutsche Facence-Kultur. München 1925, S. 143 f. — H. Rupé, Katalog Süddeutscher und Mitteldeutscher Fayencen aus dem Vermächtnis Dr. Paul Heiland. München 1934, Nr. 498. — Kunst und Kunsthandwerk. München 1955, Nr. 134.

DEUTSCHLAND, 2. HÄLFTE 18. JH.

337. POCHBRETT D 610

Achteckiges Brett mit neun kugeligen Vertiefungen. Darin gemalt ein Schwein, ein Bock, „7.8.9“, ein Fingerring, „X“, „VALET“, „DAME“ und eine Krone, im mittleren Feld drei mal drei Schellen.

Tempera auf Eiche. Dm. 31 cm. — Fassung an den Kanten bestoßen.

Erworben vor 1883.

146. Kat. Nr. 340

DOMINO

Das Dominospiel besteht aus 28 „Steinen", die in der Mitte der Oberseite geteilt sind und in jedem der beiden dadurch entstehenden Felder eine bestimmte Augenzahl (wie ein Würfel) aufweisen. Es kommen die Zahlen 0 bis 6, jeweils einmal doppelt und einmal mit einer anderen Zahl vor. Die gemischten Steine werden zu einem Teil unter die Spieler verteilt, ein Teil bleibt im „Stock". Es wird jeweils ein Stein ausgespielt, wobei nur passende Augenzahlen aneinander gelegt werden dürfen. Wer nicht anlegen kann, nimmt sich einen Stein aus dem Stock. Die Regeln lassen sich variieren und komplizieren.
Domino ist erst im Laufe des 18. Jahrhunderts in Deutschland heimisch geworden. Es dürfte jedoch wesentlich älter sein und kommt vermutlich wiederum aus dem spanisch-maurischen Kulturbereich. Zur Herkunft seines Namens gibt es die Sage, daß zwei Mönche in Monte Cassino das Spiel in der Arrestzelle erfunden hätten. Wenn sie sich durch den Abt beobachtet glaubten, beteten sie den Vesperpsalm „Dixit dominus domino meo: sede a dextris meis". Der Abt hatte sich immer schon bei dem Wort „domino" beruhigt entfernt, so daß sie das Gebet stets an dieser Stelle abbrachen.

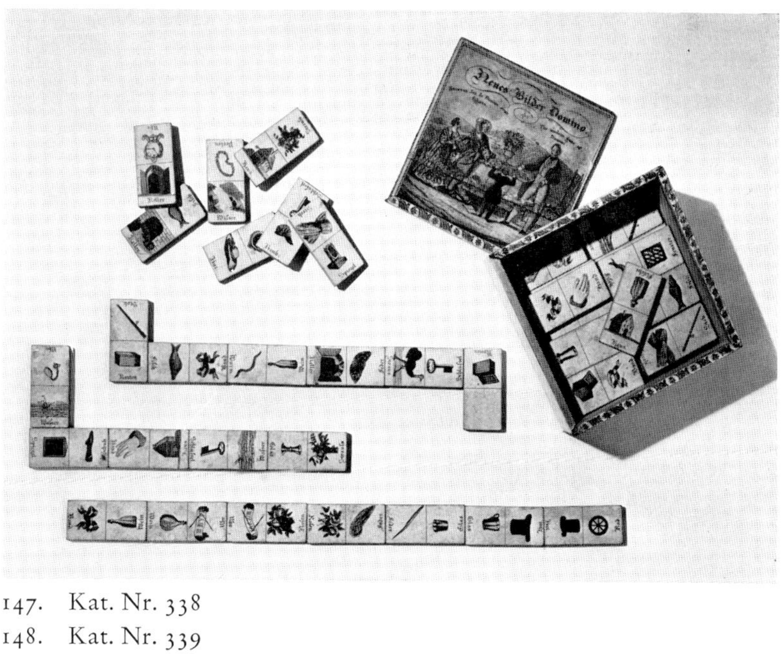

147. Kat. Nr. 338
148. Kat. Nr. 339

DEUTSCHLAND, 19. JH.

338. DOMINO 41/123, 2

In dunkelbraun lackiertem Kasten 28 Steine mit großen schwarzen Augen. Jeweils in der Mitte ein Messingnagel.

Holz und Bein. Kasten Kiefer, 19 x 6,5 x 4,3 cm. Steine 4,9 x 2,4 cm.

Erworben 1941 als Vermächtnis von Frau Kreszenz Hiendlmayr, München.

DEUTSCHLAND, GEGEN 1840

339. BILDERDOMINO 29/702

Auf dem Schiebedeckel ein Ehepaar mit 3 Kindern an einem Tisch beim Spiel. Beschriftung in 3 Sprachen. Auf den Steinen verschiedene Gegenstände wie Rad, Buch, Flasche, Haus, Wasserfall, Wurm, Perlen, Kette, Uhr, Karten, Hand etc. Insgesamt 64 Steine.

Holz, Papier, bedruckt und koloriert. Schachtel 12,3 x 12,3 x 5 cm; Steine 5,2 x 2 cm.

Erworben 1929 mit der Sammlung von Lioba Freiin von Mantey-Dittmer, München.

Das Anlegen beim Bilderdomino kann entweder so geschehen, daß nur gleiche Bilder aneinandergelegt werden, oder daß aus den Bildern zusammengesetzte Wörter gebildet werden.

DEUTSCHLAND, UM 1869

340. DOMINO 41/123, 3

Einfacher Kasten, auf dem Deckel schabloniert: „28 STEIN“. Die Dominosteine mit schwarzen Augen, jeweils in der Mitte ein Messingnagel. Mit Tinte auf dem Deckel: „7. Jan. 1869.“

Holz und Bein. Kasten 14,4 x 5,2 x 4,3 cm. Steine 3,8 x 1,8 cm.

Erworben 1941 als Vermächtnis von Frau Kreszenz Hiendlmayr, München.

GLÜCKSSPIELE

149. Kat.-Nr. 341, 346

WÜRFEL

Vermutlich das älteste Glücksspiel überhaupt sind die Würfel. An kein Spiel knüpfen sich so viele Sagen, Legenden, Geschichten und Metaphern wie gerade an das Würfelspiel. Würfel oder würfelähnliche Gebilde finden sich in allen Kulturkreisen und Kulturstufen. Plato sah in dem ägyptischen Dämon Theut den Erfinder des Würfelspiels, die christliche Kirche des Mittelalters den Teufel. Herodot glaubte in den Lydiern die Erfinder des Würfelspiels zu kennen, in jenem Volk, das eine wichtige Vermittlerrolle zwischen Hellas und Vorderasien spielte. Tacitus schildert das Würfelspiel als Leidenschaft der Germanen.

Die frühesten Würfel sind etwa quaderförmige Wirbelknochen, die nur auf vier verschiedene Seiten fallen konnten. Diese Würfelform (die übrigens in China bis in die jüngste Zeit beibehalten wurde) erklärt die Gestalt der römischen Würfel, der „tali", die nur an vier Seiten mit den Zahlen 1 und 6, sowie 3 und 4 versehen waren. Die daneben bestehenden „tesserae" waren den unsrigen gleich. (L. Bolle, Das Knöchelspiel der Alten. Festschrift Nölling. Wismar 1886.)

Alle reinen Würfelspiele werden zumeist mit drei Würfeln gespielt, die in einem Becher geschüttelt werden. Die Römer spielten mit vier Würfeln. Als bester Wurf galten dabei vier verschiedene Zahlen, als der schlechteste vier Einsen. Den Regeln, wie geworfen und gewertet wird, sind praktisch keine Grenzen gesetzt. Es kann der erste Wurf entscheiden, es kann aber auch dreimal geworfen werden, wobei man jeweils den Würfel mit der besten Augenzahl stehen läßt. Einfache Zutaten, wie gezeichnete Felder, können das Würfelspiel bereichern (siehe Glückshaus), auch Zusatzgeräte wie Trichter oder schraubenförmige Bahnen, über die der Würfel auf bestimmte Felder rollt. Der englische Geschichtsschreiber Johann von Salisbury (ca. 1120—1180) erwähnt zehn verschiedene Würfelspiele, in den Spielbüchern des 19. Jahrhunderts finden sich bis zu zwanzig.

DEUTSCHLAND, 16. JH.(?)

341. WÜRFEL R 1179

Hohler Knochenwürfel, die Augen bestehen jeweils aus zwei eingeschnittenen Ringen und einem mittleren Punkt.

Bein. Seitenlänge 2 cm.

Erworben vor 1883.

DEUTSCHLAND, 17. JH.

342. ZWEI HOCKENDE FRAUEN R 965, 966

Zwei Würfel, die als hockende nackte Frauen gebildet sind, die Arme in die Seiten gestützt. Die Augen sind gebohrt und mit schwarzer Farbe gefüllt.

Silber. 1,4 x 1,1 x 1,1 cm.

Erworben vor 1883.

DEUTSCHLAND, 17. JH.

343. HOCKENDE MÄNNER UND FRAUEN R 958, 960, 962, 964

Vier Würfel, je zwei hockende nackte Männer und zwei hockende nackte Frauen, die Hände auf den Rücken gestützt. Die Augen gebohrt und mit schwarzer Farbe gefüllt.

Elfenbein. Seitenlänge 1,8 cm.

Erworben 1861/62.

Literatur: Kat. XIII, 4, Nr. 308—311.

DEUTSCHLAND, 17. JH.

344. HOCKENDER MANN UND FRAU R 959, 961

Den vorigen entsprechend.

Elfenbein. Seitenlänge 2,5 cm.

Erworben 1864 als Geschenk des Magistratsrats Riederer, München.

Literatur: Kat. XIII, 4, Nr. 306, 307.

DEUTSCHLAND, 17. JH.

345. HOCKENDE FRAU R 963

Den vorigen entsprechend.

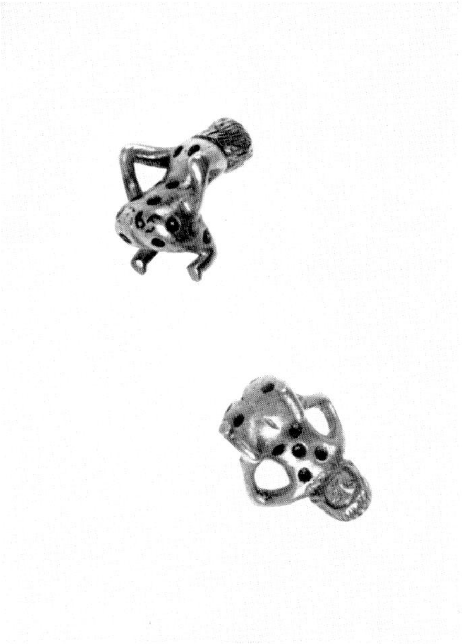

150. Kat. Nr. 342

151. Kat. Nr. 343–345

Elfenbein. Seitenlänge 2 cm. — Linker Unterschenkel abgebrochen.

Erworben 1861/62.

Literatur: Kat. XIII, 4, Nr. 312.

DEUTSCHLAND, 17. JH.

346. VIER WÜRFEL I 14.1353—1356

Die Ecken gerundet, in den Flächen eingetiefte Kreise. Die Augen in Bernstein eingelegt, darunter winzige geschnitzte Menschen- und Tiergestalten.

Elfenbein, Bernstein. Seitenlänge 2,5 cm. — Drei gekittete Brüche.

Erworben vor 1883.

AUGSBURG, UM 1730

347. ZWEI WÜRFEL 30/118

Unregelmäßige Würfel mit vertieften geschwärzten Augen.

Bein. Seitenlänge 0,7—0,8 cm. — Zum Brettspiel Kat. Nr. 55 gehörig.

Erworben 1930 aus Privatbesitz München.

DEUTSCHLAND, UM 1840

348. FÜNF WÜRFEL 39/28

Einfache etwas unregelmäßige Würfel, jeweils nur auf einer Seite ein Zeichen oder Augen eingraviert und geschwärzt: Glocke, Hammer, ein, drei und sechs Augen.

Bein. Seitenlänge 0,5—0,7 cm. — Zu dem Glocke und Hammer Spiel Kat. Nr. 364 gehörig.

Erworben 1939 als Geschenk.

DEUTSCHLAND, GEGEN MITTE 19. JH.

349. FARBWÜRFEL 29/703

Auf vier Seiten Farbangaben, wobei die Fläche viergeteilt ist und je zwei Viertel die Farben Gelb, Rot, Blau und Grün tragen. Die beiden restlichen Seiten mit Kreuz und Kranz. Stark gerundete Ecken und Kanten.

Holz. Seitenlänge 2 cm. — Bemalung sehr beschädigt. — Zu dem Chinesenspiel Kat. Nr. 390 gehörig.

Erworben 1929 mit der Sammlung von Lioba Freiin von Mantey-Dittmer, München.

Mit seiner stark gerundeten Form konnte dieser Würfel auch für Würfelturm und Würfeltrichter verwendet werden.

DEUTSCHLAND, 1860/80

350. ZWEI WÜRFEL 27/531 u. 532

Würfel mit weißer Glasur und schwarzen aufgemalten Augen.

Porzellan. Seitenlänge 1,2 und 1,8 cm. — Glasur teilweise stark zerkratzt.

Erworben 1927 mit der Sammlung von Justizrat Heberle, Passau.

Kat. Nr. 365

WÜRFEL-BRETTSPIELE

Bei den Würfel-Brettspielen richtet sich Gewinn oder Verlust nicht allein nach der Augenzahl der Würfel, sondern gleichzeitig oder ausschließlich nach den Angaben auf dem zugehörigen Spielplan. Die einfachste Form stellt „Die lustige Sieben“ oder „Das Glückshaus“ dar, bei der bei jedem Wurf auf das entsprechende Feld eine Marke gelegt werden muß. Befindet sich auf dem Feld schon eine Marke, darf diese eingezogen werden. Der Reiz des Spieles liegt nun darin, daß bestimmte Felder bzw. Würfe Vor- oder Nachteile bieten; entweder muß immer eine Marke entrichtet, oder es dürfen Teile des Bretts oder das ganze Brett geleert werden.

Eine andere Form stellt das „Käutzchenspiel“ dar. Hier werden die bevorzugten Felder zu Spielbeginn mit Marken bestückt. Die Felder sind mit genauen Würfelkombinationen bezeichnet. Wer sie wirft, kann bei den bevorzugten Feldern die dort angegebene Summe einstreichen, bei den benachteiligten muß er diese entrichten. Ein besonderer Wurf berechtigt wiederum zum Leeren des ganzen Plans.

Eine dritte Form wird mit einem Bankhalter gespielt. Die Zahlungen erfolgen nicht auf das entsprechende Feld, sondern über die Bank.

Alle drei Arten sind untereinander aufs engste verwandt. Ihre Regeln können beliebig variiert werden. Ihr System führte schließlich zur Erfindung der Roulette, wobei anstelle der Würfel die rollende Kugel tritt.

Würfel-Brettspiele sind wohl so alt wie die Würfel selbst. Die ältesten Spielpläne wurden ad hoc gezeichnet. Das „Glückshaus“ und das „Käutzchenspiel“ fanden im späten Mittelalter ihre Form. Das älteste bekannte Spielbrett, das sowohl ein Glückshaus-System wie ein Käutzchenspiel-System aufweist, ist die Kat. Nr. 351. Das früheste gedruckte Käutzchenspiel findet sich 1614 in einem Verkaufskatalog des römischen Buchhändlers und Verlegers Michelangelo Vacari. Der Nürnberger Verleger Paulus Fürst hat um 1640 ein Käutzchenspiel unter dem Titel „Eulen Spiegel Spiel“ herausgegeben. Dieser Titel sowie die große Beliebtheit des Spiels vor allem in Holland läßt an eine Entstehung in Niederdeutschland denken. Gedruckte Spielpläne sind im 17. Jahrhundert bei J. C. Jegher und Claes J. Visscher, im 18. Jahrhundert bei J. P. Willemsen erschienen. Ein 1710 datiertes Spiel existiert gemalt auf zwölf holländischen Fliesen (Anne Berendsen u. a., Fliesen. München 1964, S. 204).

152. Kat. Nr. 351

DEUTSCHLAND, 16. JH.(?)

351. WÜRFELBRETT R 94

Einfacher Rahmen mit Füllung in unbehandeltem Holz. Auf beiden Seiten gemalt 10 gleichgroße Kreise um einen größeren Kreis in der Mitte. Darin ein Kelch, auf der einen Seite eine 7, in den kleineren Kreisen die Zahlen 2, 3, 4, 5, 6, 8 und 9, ferner X, XI, XII, auf der anderen Seite in allen Kreisen je 2 Würfel mit verschiedenen Augenkombinationen. Die eine Seite dient dem Spiel „Die lustige Sieben", die andere Seite einer Art Käutzchenspiel.

Fichtenholz, Tempera-Bemalung. — 44 mal 43 mal 4 cm.

Erworben vor 1883.

Dieses einfache Spielbrett geht in seiner Gesamtform und in seiner Malerei auf Vorbilder des 16. Jahrhunderts zurück. Es wäre dennoch denkbar, daß es wesentlich später entstanden ist.

DEUTSCHLAND, 1527

GLÜCKSHAUS

Siehe Kat. Nr. 329.

OBERDEUTSCHLAND, 1583

352. GLÜCKSHAUS UND ZEIGERROULETTE I 14.105

Rahmen zur Füllung hin profiliert, mit roten, grünen und gelben Streifen sowie mit Punktblümchen bemalt. Auf beiden Seiten je ein Spielfeld: Glückshaus vor reichem Blüten- und Rankendekor. In den Feldern je eine Darstellung mit einem Buchstaben: ein König auf einem Thron, K; ein Paar, D; eine Trauung durch einen Mönch, H; drei nackte Kinder mit Rosenkränzen, G; Herz-Ober, O; ein kniender Würfler, SP; Schellen-Unter, V; zwei gekreuzte Saufedern, ST; eine Dame mit Fahne, W; ein Schwein, SA. Ganz unten die Jahreszahl. — Auf der Gegenseite „Offenes Kartenspiel": vier konzentrische Kreise mit je zwölf Spielkartenfeldern, von außen nach innen in den Werten abnehmend. In den Eckzwickeln die Farbzeichen Herz, Blatt, Schelle und Eichel jeweils in einem roten Kreis. In der Mitte ein Stern und ein Loch für den Zeiger.

153.
Kat. Nr. 352

154.
Kat. Nr. 352

155. Kat. Nr. 353

Buche, Bemalung Wismuth und Tempera. 38,5 mal 39 cm. — Geringfügige Bestoßungen. Zeiger fehlt.

Erworben 1868.

Aus der gleichen Werkstatt stammt das Spielbrett Kat. Nr. 330 — E. Glonnegger vermutet in dem Spielplan der Vorderseite ein Glückshaus. Um irgendeine Abart dieses Spiels dürfte es sich dabei auch handeln, obwohl die Zahl der zehn Spielfelder überrascht, sowie das Fehlen der Zahlen in den Feldern.

Literatur: Erwin Glonnegger, Schöne alte Spiele. Ravensburg 1963.

AUGSBURG, UM 1600
GLÜCKSHAUS

Siehe Kat. Nr. 49.

AUGSBURG, VERLAG ALBRECHT SCHMIDT, UM 1730

353. PLANETEN SPIEL NN 1195

Das rechteckige Feld ist in drei Streifen geteilt. Oben die Bilder von Saturn, Jupiter und Mars, in der Mitte die Sonne, unten Venus, der Mond und Merkur. In jedem Bild eine Würfelkombination. In einem vierten Streifen die Spielregel. Unten rechts: „Albrecht Schmid excud. Aug. Vindel", in der Mitte „107".

Radierung. 383 x 298 mm. — Oben Wasserrand.

Erworben 1879 aus Privatbesitz Lauingen.

Zu Albrecht Schmidt siehe Kat. Nr. 333.

AUGSBURG, VERLAG ALBRECHT SCHMIDT, UM 1740

354. DER SIEBENER Gg 365

Seitlich je fünf, in der Mitte drei Rocaillenkartuschen: in der mittleren oben Titel: „Das/so genannte Spiel, der 7bener Trinckt und/zieht zugleich alles."; unten Spielregel, in der Mitte das Siebenerfeld mit dem trinkenden Narren. Die Felder links von 2—6, rechts von 8—12, jeweils mit einem Narren. Unten in der Mitte „No. 60."; rechts „Albrecht Schmidt excud. A. V."

Radierung, koloriert. 341 x 288 mm.

Erworben 1879 aus Privatbesitz Lauingen.

Zu Albrecht Schmidt siehe Kat. Nr. 333.

156. Kat. Nr. 354

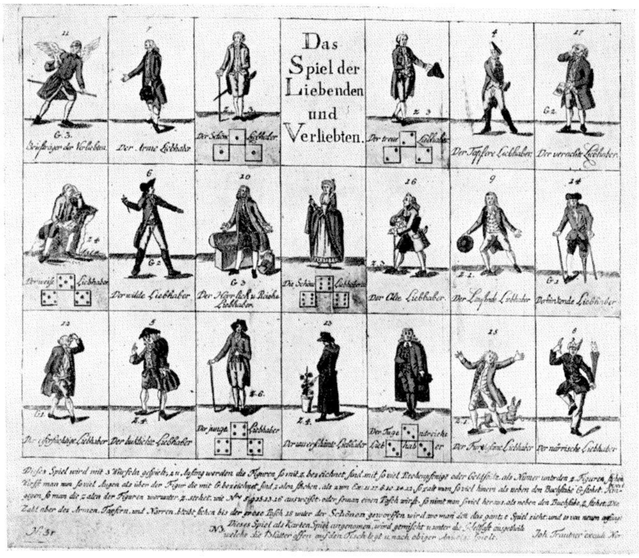

157. Kat. Nr. 355

SÜDWESTDEUTSCHLAND, UM 1780/90
KÄUTZCHENSPIEL

Siehe Kat. Nr. 327.

NÜRNBERG, VERLAG JOHANN TRAUTNER, UM 1785/90

355. DAS SPIEL DER LIEBENDEN UND VERLIEBTEN NN 1194

In drei Reihen sind einmal sechs und zweimal sieben hochrechteckige Felder mit der Darstellung je eines „Liebhabers" und der „schönen Liebhaberin" in der Mitte. Im mittleren Feld der oberen Reihe der Titel des Spiels, unten die Spielregel. Links unten „N 51", rechts „Joh. Trautner excudt. Nor."

Radierung, koloriert. 294 x 343 mm.

Erworben 1879 aus Privatbesitz Lauingen.

Johann Trautner d. J. machte sich um 1725 als Buch- und Kunsthändler in Nürnberg selbständig. 1768 übernahm sein Sohn Johann August (1745—1803), der selbst Kupferstecher und Radierer war, den Verlag, den dessen Witwe nach seinem Tode bis 1815 weiterführte. Nachfolger wurde Friedrich Campe, der die einzige Tochter geheiratet hatte. Aus dem Verlag sind ein „Post- und Reise-Spiel durch Deutschland" (Kunstbibliothek Berlin) und ein weiteres Gänsespiel (Germanisches Nationalmuseum) bekannt. Siehe auch Kat. Nr. 373.

NÜRNBERG, VERLAG PAUL SCHWARZ, UM 1815

356. NEUESTES WÜRFEL LOTTO-SPIEL 27/536

In einem rosa Papierfutteral vierfach zusammenklappbarer Spielplan: fünf konzentrische Kreise sind in sechs Sektoren eingeteilt, darin verschiedene Würfelkombinationen. In der Mitte sitzen Spieler an einem Tisch, in den Eckzwickeln Darstellungen zur Lotterie.

Radierung, koloriert, 380 x 312 mm. — In vier Teile zerschnitten und auf Karton aufgezogen. Verschmutzt.

Erworben 1927 mit der Sammlung des Justizrats Heberle, Passau.

Paul Wolfgang Schwarz (geb. 1766) war Porträtist, Hofgraveur und seit 1810 Kunsthändler in Nürnberg. 1818 verkaufte er seine Druckstöcke an C. M. Trummer und zog 1822 nach Basel.

158. Kat. Nr. 356

159. Kat. Nr. 359

NÜRNBERG, VERLAG CHRISTIAN TRUMMER, UM 1820

357. DIE JAHRESZEITEN 29/557

Vier mal sechs Felder mit Symbolen der Jahreszeiten, jeweils einer Würfelkombination und Angabe des Einsatzes. Oben der Titel, unten die Spielregel. Links unten: „No. 365/Par. 22“, rechts „Nürnberg, bei C. Trummer“.

Radierung, koloriert. 351 x 290 mm.

Erworben 1929 mit der Sammlung von Lioba Freiin von Mantey-Dittmer, München.

Christian Martin Trummer (1785—1822), gelernter Landkartenstecher, war seit 1813 Teilhaber der Kunsthandlung von P. W. Schwarz, die er 1818 erwarb. Nach seinem Tode führte seine Witwe den Verlag bis 1828 weiter.

Farbtafel nach Seite 128

NÜRNBERG, VERLAG GEORG RENNER, UM 1820—30

358. DIE BRAUTSLEUTE 29/555

Die Felder 2—11 sind durch ovale Kränze ausgeschieden und um das mittlere Zwölferfeld angeordnet. In den Kränzen jeweils abwechselnd ein Mädchen und ein Bursche in bäuerlicher Hochzeitstracht. In den Ecken oben tanzende Paare, unten die Kapelle und das Wirtshaus. Am Bildrand unten rechts: „Nürnberg im Verlag von G. N. Renner's Kunsthandlung“. Ganz unten Titel und Spielregel, links „No. 216“.

Radierung. Papiermaß 343 x 277 mm. — Allseits beschnitten.

160. Kat. Nr. 358

161. Kat. Nr. 360

Erworben 1929 mit der Sammlung von Lioba Freiin von Mantey-Dittmer, München.

Georg Nikolaus Renner (1803—1854) gründete 1826 seine Kunsthandlung. Von 1835—1837 war sein Schwager Friedrich Schuster Teilhaber, von 1837—1868 heißt die Firma „G. N. Renner & Co.". Aus dem Rennerschen Verlag sind mehrere Spiele bekannt: ein Bilderlotto, ein „Pferderennen", „Das neue Affenspiel" und „Die Weinlese". Siehe ferner die Kat. Nr. 377.

NÜRNBERG, JOHANN WUNDER, VERLAG FRIEDRICH CAMPE, UM 1830

359. DER DEUTSCHE HANSWURST 29/2693

In der Mitte Hanswurst, seitlich je drei Kreise mit den „Verwandten": Pickelhäring, Jean Potage, Pierrot, Pulcinello, Jack Pudding, Bajazzo. Dazwischen Lorbeerkranz. Oben Titel und Spielregeln, unten in der Mitte: „Wunder inv. et fc.", links: „No. 356", rechts: „Nürnberg, bei Fr: Campe."

Radierung, koloriert. 340 x 293 mm.

Erworben 1929 mit der Sammlung von Lioba Freiin von Mantey-Dittmer, München.

Johann Benedikt Wunder (1786—1858) arbeitete in erster Linie für den Verleger Friedrich Campe. Aber auch von auswärtigen Auftraggebern waren seine Arbeiten sehr begehrt. Von ihm sind noch die Spiele „Die Spaßvögel" (Kat. Nr. 381) und „Das Kleeblatt" (abgeb. bei Zur Westen S. 129) bekannt. — Friedrich Campe (1777—1846) war seit 1805 Buch-, Kunst-, Musikalien- und Landkartenhändler in Nürn-

162. Kat. Nr. 362

berg. 1815 übernahm er die Firma seines Schwiegervaters J. A. Trautner. Weitere Spielbogen aus dem Verlag Campes sind die Kat. Nr. 379 bis 381 sowie eine „Reise um die Welt“ im Germanischen Nationalmuseum.

NÜRNBERG, VERLAG GEBR. SCHMITT, UM 1830

360. DAS KLEEBLATT 29/554

Rechteckiges Mittelfeld mit Titel und Spielregel, darum die Felder 2—12 mit jeweils einer komischen Figur aus verschiedenen Theaterstücken: Landjunker, Leim, Zwirn und Knieriem, Dorfbarbier, Staberl, Monostatos, Figaro, Jacob, Papageno, Pumpernickel, Matz, Lumpaci Vagabundus. Unten links: „No. 576“, rechts „Nürnberg, bei Gebrdr. Schmitt.“

Radierung, koloriert. 344 x 299 mm.

Erworben 1929 mit der Sammlung von Lioba Freiin von Mantey-Dittmer, München.

Der Spielbogen ist ein nur wenig veränderter Nachdruck des gleichen Spiels im Verlag Campe, siehe: Zur Westen S. 129.

Die Brüder Johann und Michael Schmidt sind als Buchdrucker in den Einwohnerregistern der Stadt Nürnberg von 1810—1822 nachweisbar.

NEURUPPIN, VERLAG OEHMIGKE & RIEMSCHNEIDER, GEGEN 1840

361. DER GEIZIGE 29/560

Um das runde Mittelfeld 7 mit dem Geizigen und seiner Frau sind die ebenfalls runden Felder 3—6 und 8—11 angeordnet mit Darstellungen von Soldaten, Damen und Herren im Park oder beim Musizieren. 2 und 12 sind reine Zahlenfelder. Oben der Titel, unten auf beiden Seiten die Spielregel. Unten in der Mitte: „No. 879“, rechts: „Neu Ruppin, bei Oehmigke & Riemschneider“.

Lithographie, koloriert. 413 x 338 mm.

163. Kat. Nr. 361

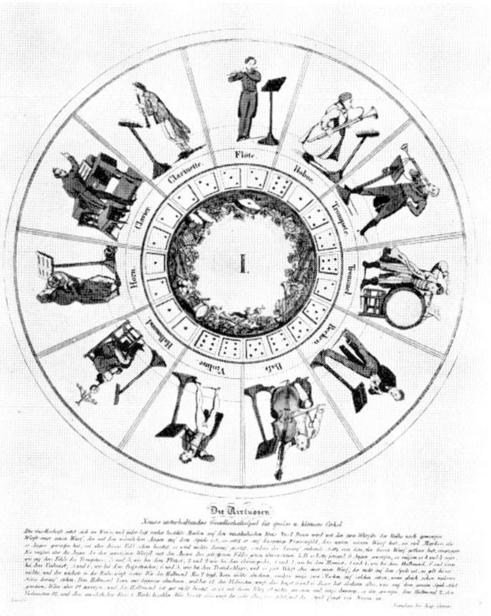

164. Kat. Nr. 363

Erworben 1929 mit der Sammlung von Lioba Freiin von Mantey-Dittmer, München.

Die Firma Oehmigke & Riemschneider besteht seit 1831 als Buchhandlung, seit 1835 als lithographische Anstalt. Der Gründer starb 1858, Hermann Riemschneider 1856. Nach dem Tode des Sohnes Oehmigkens wechselt der Verlag den Besitzer und besteht noch heute als VEB. Ein Glückshaus „Der Struwwelpeter" von Oehmigke & Riemschneider befindet sich im Germanischen Nationalmuseum (Kaps. 1258).

DEUTSCHLAND, UM 1840

362. DIE SCHWÄNE 29/708

In der Mitte rechteckiges Feld mit der Darstellung zweier Schwäne am Wasser. Ringsum die einzelnen Felder mit den Gewinnchancen. Unten Spielregel. Auf der zugehörigen Tasche Etikett mit zwei Schwänen an einem Bach mit Schilf.

Radierung, koloriert. 177 x 210 mm. — Tasche stark bestoßen.

Erworben 1929 mit der Sammlung von Lioba Freiin von Mantey-Dittmer, München.

NÜRNBERG, VERLAG NAPOLEON CAMPE, UM 1845

363. DIE VIRTUOSEN 29/553

Rundes Spielfeld mit elf Feldern um das kreisförmige Mittelfeld I. In den Feldern je ein Musikant mit Unterschrift des Instruments und einer Würfelkombination. Unten Titel und Spielregel.

Am unteren Rand links „Nro 37", rechts „Nürnberg bei Nap. Campe".

Radierung, koloriert. 338 x 289 mm.

Erworben 1929 mit der Sammlung von Lioba Freiin von Mantey-Dittmer, München.

Friedrich Napoleon Campe (1808—1855) war ein Sohn Friedrich Campes. Er eröffnete noch zu Lebzeiten seines Vaters (um 1842) eine eigene Kunsthandlung, die jedoch nur ein Jahrzehnt bestand. Aus seinem Verlag ist noch ein weiteres Spiel bekannt: „Die Freier im Dorf".

165.
Kat. Nr. 364

GLOCKE UND HAMMER

Glocke und Hammer ist ein Würfelbrettspiel, bei dem das Spielbrett (in Form von Karten), und damit das Anrecht auf den Gewinn, an die einzelnen Spieler verteilt wird. Die fünf Bildkarten zeigen eine Glocke, einen Hammer, einen Schimmel, ein Wirtshaus sowie Glocke und Hammer zusammen (also eine „Mariage"). Gespielt wird mit acht Würfeln, die jeweils nur auf einer Seite bezeichnet sind, entweder mit einem der vier Bilder oder mit einer Augenzahl. Zu Beginn werden die Bildkarten an die Spieler versteigert. Beim Würfeln erhält der Spieler die angezeigte Augenzahl, sind Figuren beim Wurf, erhält der Besitzer des entsprechenden Bildes die Anzahl der gleichzeitig geworfenen Augen aus der Bank.
Obwohl es sich hierbei um eine der jüngsten Spielerfindungen handelt, ist auch ihr Urheber nicht bekannt. Nach R. C. Bell (Board and Table Games I. Oxford 1969, S. 140) wurde das Spiel 1816 erstmals in England gespielt. Kurz zuvor dürfte es in Deutschland erfunden worden sein. Ganz im Sinne der Romantik und der neuen Erforschung der eigenen Vergangenheit, hat man die zugehörige Legende seines Ursprungs gleich miterfunden. Danach verliere sich die Abstammung bis in vorchristliche Zeit, als heidnische Symbole seien der Hammer Thors und der Schimmel Wotans als Würfelbilder gewählt worden, später sei die Glocke als Symbol der Christenheit hinzugetreten.
Eine gewisse Vorstufe zu „Glocke und Hammer" ist „das Pachten", zu dem sechs Würfel benötigt werden, die ebenfalls nur auf einer Seite eine Augenzahl aufweisen. Das Amt des Bankhalters wird zu Beginn des Spiels verpachtet. Ein Wurf, bei dem keiner der Würfel mit seiner Augenseite nach oben fällt, heißt „Schimmel". (Der gesellschaftliche Rathgeber. Nürnberg 1816, S. 117.)

DEUTSCHLAND, UM 1840

364. GLOCKE UND HAMMER 39/28

Holzkasten mit Schiebedeckel, darauf Etikett mit Glocke und Hammer, von Akanthusranken umgeben. Titel in drei Sprachen. Fünf Spielkarten mit Gasthaus, einem Kreuzritter auf einem Schimmel, Glocke, Hammer sowie Glocke und Hammer. Fünf kleine Würfel (siehe Kat. Nr. 348).

Lithographien, koloriert. Kasten Fichtenholz. 12,7 x 10,3 x 2,2 cm. — Von den ursprünglich acht Würfeln sind zwei in Holz ergänzt, einer fehlt. Kasten und Karten stark verschmutzt.

Erworben 1939 als Geschenk.

DEUTSCHLAND, 1871

365. KÖNIG WILHELM SASS GANZ HEITER 27/532

Auf dem Schachteldeckel Darstellung des Kurparks von Bad Ems, auf einer Bank sitzt König Wilhelm von Preußen. Vierzehn große Karten zeigen politische Ereignisse unmittelbar vor Ausbruch des Deutsch-Französischen Krieges und Spottszenen aus dem Krieg selbst sowie je eine Würfelkombination. Im Deckel Spielregel und ein zu den Karten gehörendes Gedicht mit 14 Strophen. Porzellanwürfel (siehe Kat. Nr. 350).

Lithographien, koloriert. Pappschachtel. 20 mal 23,2 mal 2,1 cm. — Die Schachtel bestoßen und verschmutzt.

Erworben 1927 mit der Sammlung von Justizrat Heberle, Passau.

Die Kombination eines Spiels mit tagespolitischen Ereignissen kann auf eine Tradition zurückblicken, die vor allem bei den großen französischen Gänsespielen des späten 18. und frühen 19. Jahrhunderts sehr beliebt war.

Farbtafel nach Seite 144

ROULETTE

Eines der ausgeklügeltsten Glücksspiele ist die Roulette, die in Paris zu Beginn des 19. Jahrhunderts zu ihrer noch heute bestehenden Form entwickelt wurde. Nicht nur die Bankhalter, sondern auch die Stadt und der König, die die Konzessionen erteilten, erzielten erhebliche Gewinne aus diesem Spiel. Im Jahre 1836 wurde die Roulette in Frankreich verboten, die Bankhalter verlegten ihren Sitz nach Baden-Baden und Homburg. In den Badeorten bestand schon immer die Möglichkeit zum Spiel, als Zeitvertreib für die Kurgäste. Für Baden-Baden ist 1750 zum ersten Mal eine „Rouge et Noir Banque" bezeugt.
Die sich drehende Zahlenscheibe, in die eine Kugel geworfen wird, scheint zu Beginn des 18. Jahrhunderts erfunden worden zu sein. 1734 machte ein M. Girardier sechs neuerfundene Spiele bekannt, die alle auf diesem Prinzip beruhten. Schon früher gab es jedoch das sogenannte „Scheffel-Spiel". In einem (stehenden) Scheffel befanden sich sechzig Zahlenfelder, wechselnd rot und grün, in der Mitte ein „König". Es wurde nach den Feldern mit einer Elfenbeinkugel geworfen (Zedler, Universal Lexicon. 1743, Bd. 38, Sp. 1627).
Der Vorläufer der Kugel war ein sich drehender Zeiger. Im 16. Jahrhundert kommt in Deutschland das sogenannte „Offene Kartenspiel" auf. In vier konzentrischen Kreisen sind sämtliche Kartenbilder so angeordnet, daß die höchsten Werte außen, die niedrigsten innen angebracht sind, wobei in einem Sektor jeweils alle vier Farben vorkommen. In der Mitte befindet sich ein Zeiger, der in Drehung versetzt wurde. Jeweils eine Farbe ist in den Ecken angegeben, auf sie wird von den Spielern gesetzt. Jeder Spieler dreht einmal den Zeiger und merkt sich den Wert seiner Farbe. Der höchste Wert gewinnt das Spiel.
Daneben gibt es Zeigerrouletts, bei denen verschiedene Gewinnchancen erzielt werden können, indem man entweder eine Farbe, die in jedem zweiten Feld wiederkehrt, oder eine bestimmte Zahl setzt. Auch die Beeinflussung des Zeigers — ähnlich wie bei den modernen Spielautomaten — ist möglich (Kat. Nr. 366). Bei der Roulette der Kat. Nr. 327 kann entweder ein Band mit Buchstabe, römischer oder arabischer Zahl gesetzt werden, oder eine bestimmte Ziffer. Die kreisförmige Anordnung der Felder beim Käutzchenspiel ermöglichte gleichzeitig eine Benutzung als Zeigerroulette.

166. Kat. Nr. 366

OBERDEUTSCHLAND, UM 1580
ZEIGERROULETTE
Siehe Kat. Nr. 330.

OBERDEUTSCH, 1583
ZEIGERROULETTE
Siehe Kat. Nr. 352.

DEUTSCHLAND, 17. JH.

366. ZEIGERROULETTE 27/156

Runde Scheibe auf drei gedrehten Füßen in 16 Sektoren geteilt, die wechselnd grün und rot bemalt sind. Darin jeweils drei Würfel, die Augenzahl durch eine Ziffer zusätzlich angegeben. In der Mitte achtzackiger Stern mit rot-weißen Spitzen und Eisendorn zur Aufnahme des Zeigers. Auf der Unterseite 16 Federn mit rechtwinkelig umgebogenen Spitzen, die durch Löcher nach oben gedrückt werden können.

Eiche, Bemalung Tempera. Dm. 40 cm. — Der Zeiger fehlt, ein Fuß ergänzt. Die Platte in der Mitte gebrochen. Bemalung, vor allem das Grün, weitgehend abgerieben.

Erworben 1927 als Geschenk.

Gesetzt wird entweder auf „Rot“ oder „Grün“ oder auf eine bestimmte Zahl. Jeder Spieler konnte einmal eine der Federn hochdrücken, wodurch die Laufrichtung des Zeigers geändert wurde.

SÜDWESTDEUTSCHLAND,
UM 1780/90
ZEIGERROULETTE
Siehe Kat. Nr. 327.

LOTTERIE UND LOTTO

Verteilungen oder Entscheidungen durch das Los vorzunehmen, gehört zum frühesten menschlichen Verhalten. Lose mit Gewinnchancen wurden bei den Spielen der Griechen und Römer verkauft, wie auf allen Jahrmärkten und ähnlichen Festen der Welt. In Deutschland wurde der sogenannte „Glückstopf", der die Lose enthielt, immer wieder verboten.

Bei einer Lotterie im modernen Sinne wird eine fest bestimmte Geldsumme unter einer bestimmten Anzahl von Anteilscheinen verlost. Die zu verlosende Geldsumme geht erst durch den Verkauf der Anteilscheine (der Lose) ein. Die früheste bekannte Lotterie wurde vom Magistrat der Stadt Osnabrück 1521 veranstaltet. 1530 folgte Florenz; beidemale ausschließlich mit dem Zweck, dem Geldmangel der Obrigkeit abzuhelfen. Aus dem gleichen Grunde wurde 1612 in Hamburg eine Lotterie durchgeführt. S. Scaccia (De commerciis et cambio. Rom 1616) beschreibt eine „Ziehung", bei der aus zwei Urnen die Gewinne ermittelt wurden. In der einen Urne befanden sich die Nieten- oder Gewinnzettel, in der anderen die Zettel mit den Losnummern. Schon in der 2. Hälfte des 16. Jahrhunderts ist in Holland die Klassenlotterie entstanden. Hierbei werden die Gewinne zerlegt in mehrere aufeinanderfolgende Verlosungen, wodurch die Spekulationsmöglichkeiten bereichert werden. Erst in der letzten Klasse wird das „Große Los" ausgespielt. 1696 wurde in Hamburg die erste deutsche Klassenlotterie durch Senatsverfügung eingeführt. Bald folgten andere Städte und Herrschaften nach. 1703 führte der Preußische Staat die Klassenlotterie ein, in der nach der Reichsgründung allmählich alle deutschen Lotterien aufgingen (Bayern 1911).

Lotto ist ursprünglich nur die italienische Bezeichnung für Lotterie. In diesem Sinne wird es auch bei den einfachen Losspielen für Kinder benutzt: der „Bankhalter" zieht seine Lose, wer das entsprechende Feld auf seinem Plan hat, „gewinnt" das Los.

167. Kat. Nr. 367

168. Kat. Nr. 368

MÜNCHEN, GEGEN 1810

367. LOTTERIETROMMEL R 6460

Auf einem Bodenbrett einfaches Eisengestell, in dem die Trommel gelagert ist. Vorne unten das Wappen des Königreichs Bayern in der von 1806 bis 1835 gültigen Form mit Schwert, Szepter und Krone auf Rautengrund, mit Lorbeer- und Palmzweig, von zwei Löwen gehalten. Die Trommel mit vier Sprossen verglast, in der von Lorbeerkränzen eingefaßten Zarge zwei ovale Türen. Oben Fortuna in wallendem Gewand.

Linde, blaue Lüsterfassung, die geschnitzten Teile vergoldet. H. 260 cm, B. 146 cm, T. 73 cm. — Der Fortuna fehlen: an der rechten Hand alle Finger, an der linken zwei Fingerspitzen, die Nase, der rechte Fuß und der Gewandzipfel auf dem Rücken. Außerdem Risse und Stoßstellen. Der rechte Löwe gerissen. Spitze des Lorbeerzweiges und eine Blattspitze abgebrochen. Eine Kugel und fünf Steine der Krone, ein Bügel der kleinen Krone fehlen. Der Herzschild ursprünglich rot.

Erworben 1883 als Geschenk des Frauenvereins München.

AUGSBURG, UM 1830/35

368. LOTTERIETROMMEL 13/35

Einfaches Gestell mit vier schräg stehenden gedrechselten Beinen. Allseits geschlossene Holztrommel, auf der einen Seite das Wappen des Königreichs Bayern in der von 1806 bis 1835 gültigen Form. Auf der Gegenseite der Augsburger Pinienzapfen auf einem Kompositkapitell, von Lorbeerkranz

Die Blumenlust oder Floras Tempel.
ein neues Würfelspiel.
Spielregeln:) Zuerst setzt jeder Mitspieler 15 Marken in den Pot, sodann fängt man mit einem Würfel der Reihe nach zu spielen an, und setzt ein Zeichen, welches ein Knopf etc. seyn kann, wohin es der Wurf bestimmt. Wer auf eine Blume kommt, gewinnt 2 Marken, und bey einer Gießkanne 1 Marke. Kommt Jemand auf No. 26 zur Schnecke, so muß man wieder von Vorne anfangen. Bey No. 34, dem Todtenkopfschmetterling, bleibt man so lange stehen, bis ein anderer darauf kommt, wofür aber diesen die Strafe trifft. Wer auf einen Grashüpfer zu stehen kommt, nemlich bey No. 8. No. 16 No. 22. No. 28 u No. 36 springt noch einmal so weit als er geworfen. Bey jedem andern Inseckt, auf welches man zu stehen kommt, muß man 3 Marken bezahlen. Derjenige welcher auf No. 40, den Floratempel, zuerst komt, gewinnt alles was in dem Pot steht, und das Spiel ist zu Ende. Jedoch muß man gerade auf No. 40 zu stehen kommen; wer mehr wirft muß um so viel wieder zurück, als er darüber geworfen hat. Sollte der Pot sich leeren ehe das Spiel zu Ende ist, so muß jeder Theilnehmer, wie zu Anfang, 15 Marken bezahlen.
No. 319
Nürnberg bei Fr. Campe

Kat. Nr. 379

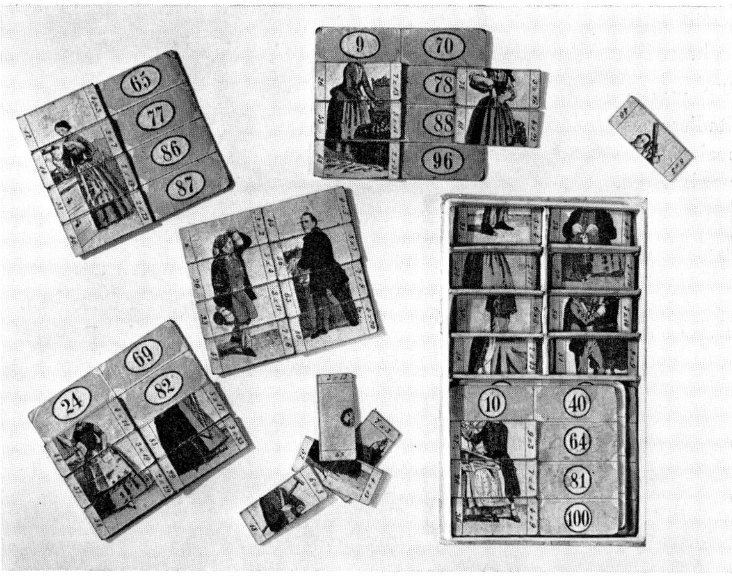

169.
Kat. Nr. 369

170.
Kat. Nr. 370

umgeben. Eiserne Tür mit Federbügel und zwei Schlössern. Auf der Zarge weiß-blaue Rauten.

Eiche, gefaßt. H. 136, B. 93, T. 58,5 cm. — Die Fassung vielfach bestoßen.

Erworben 1912 als Geschenk von Frau S. Selisberger, Würzburg.

DEUTSCHLAND, UM 1850

369. EIN-MAL-EINS-LOTTO 50/100

Acht Setzblätter mit je zwei mal vier Feldern, darin die Ergebniszahlen. Je vier Lottokarten ergeben eine Figur. Dargestellt sind: Bankgehilfe und Bankier, Gemüse- und Miederverkäuferin, Ladenmädchen und

Hausfrau, Bettler und Bauer, Schüler und Lehrer, Architekt und Astronom, Mädchen und Dame mit Harfe, Mädchen und Dame.

Radierungen, koloriert, Karton. Schachtel: 21,5 mal 14 cm. — 20 Lottokarten fehlen, Schachtel neu bezogen.

Erworben 1950 als Geschenk von Frau Irene Lampert, München.

DEUTSCHLAND, UM 1850/60

370. DER KINDERFREUND MIT SEINER GLÜCKSBUDE 27/533

Pappschachtel, auf dem Deckel Darstellung einer Kinderlotterie. 25 größere Pappmarken mit bildlichen Darstellungen, den Gewinnen, 25 kleinere mit Zahlen, die Lose und 26 Nieten.

Lithographien, koloriert, Karton. Schachtel: 19 mal 12,7 mal 3,4 cm. — Verschmutzt und bestoßen.

Erworben 1927 mit der Sammlung von Justizrat Heberle, Passau.

DEUTSCHLAND, UM 1855/60

371. DAS EIN MAL EINS ALS LOTTERIE 29/629

Auf dem Schachteldeckel eine Mutter mit vier Kindern am runden Tisch beim Spiel. Titel in vier Sprachen. Acht Setzkarten mit zwei mal vier Feldern, darin die Ergebniszahlen. Je vier Lottokarten ergeben eine Kostümfigur. Dargestellt sind jeweils weiblich und männlich: Amerikaner, Chinese, Engländer, Grieche, Russe, Spanier und Tiroler. Spielanleitung deutsch und französisch.

Lithographien, koloriert, Karton. Schachtel: 28,5 x 22 cm. — Bestoßen.

Erworben 1929 mit der Sammlung von Lioba Freiin von Mantey-Dittmer, München.

LAUFSPIELE

Die Laufspiele sind die heute am weitesten verbreiteten Würfelspiele für Kinder. Auf einer vorgeschriebenen Bahn läuft jeder Spieler mit nur einer Figur jeweils um so viele Felder dem Ziel entgegen, als der Würfel Augen zeigt. Bestimmte Felder können Vor- oder Nachteile bieten.

Auch die Laufspiele haben eine alte Tradition, die sich mindestens bis zu den Ägyptern zurückverfolgen läßt. Spiralig angeordnete Spielpläne waren offenbar häufig; ein derartiges Spielbrett in Form einer Schlange aus der 3. Dynastie befindet sich im Fitzwilliam Museum Cambridge. Die Laufspiele Europas gehen alle auf das „Gänsespiel" zurück, das im Laufe des 16. Jahrhunderts möglicherweise in Deutschland entstanden ist. Der Spielplan des Gänsespiels ist fast immer spiralförmig angeordnet, jeder Spieler durchläuft die 63 Felder gemäß der Augenzahl seiner Würfel. Gelangt man auf ein Feld, das mit einer Gans bezeichnet ist, darf man um die gleiche Würfelzahl vorrücken. Außerdem gibt es verschiedene Straffelder: die Brücke, das Wirtshaus, den Brunnen, das Labyrinth, den Turm und den Tod. Wirft man zu Beginn des Spiels sechs und drei oder fünf und vier, darf man sofort auf die mit diesen Würfeln gekennzeichneten Felder.

In dem Katalog des Römischen Verlegers Vacari von 1614 ist ein Gänsespiel aufgeführt. Ein besonders schönes Beispiel — Silber in Ebenholz eingelegt — gehört zu der Ausstattung des „Pommerschen Kunstschranks", einer Augsburger Arbeit von 1610/20 (Kunstgewerbemuseum Berlin). Nur wenig später ist ein gemalter Spielplan im Germanischen Nationalmuseum Nürnberg (HG 1412). Der älteste erhaltene gedruckte Spielplan dürfte der deutsche Bogen (Kat. Nr. 372) sein, der durch seinen Titel, ein neuerfundenes Gansspiel, sowie durch die Zutat der alphabetisch angeordneten Tiere beweist, daß hier eine längere Tradition vorliegen muß. Weitere frühe Exemplare sind um 1650 bei Carlo Coriolani in Venedig und bei Martin Fritz in Köln erschienen (Germanisches Nationalmuseum Nürnberg HB 24594 und HB 16877). In Italien, vor allem aber in Frankreich und in den Niederlanden blieb das Gänsespiel bis ins 19. Jahrhundert hinein weit verbreitet.

Ein Laufspiel, das, ähnlich wie das Trick-Track, zu den taktischen Glücksspielen gehört, ist das Pachisi. Indischen Ursprungs, ist es vermutlich älter als das Schach. Da jeder der vier Spieler mit vier verschiedenen Figuren gleichzeitig spielt, können die Gegner durch geschicktes Taktieren behindert oder hinausgeworfen werden. Die jüngste und bekannteste Form des Pachisi ist das „Mensch ärgere dich nicht"-Spiel. Vereinfachungen dieses Spiels eignen sich besonders für kleine Kinder. Unsere beiden Beispiele (Kat. Nr. 389 und 390) sind insofern reine Laufspiele — also Glücksspiele — weil jeder Spieler nur eine Figur zur Verfügung hat.

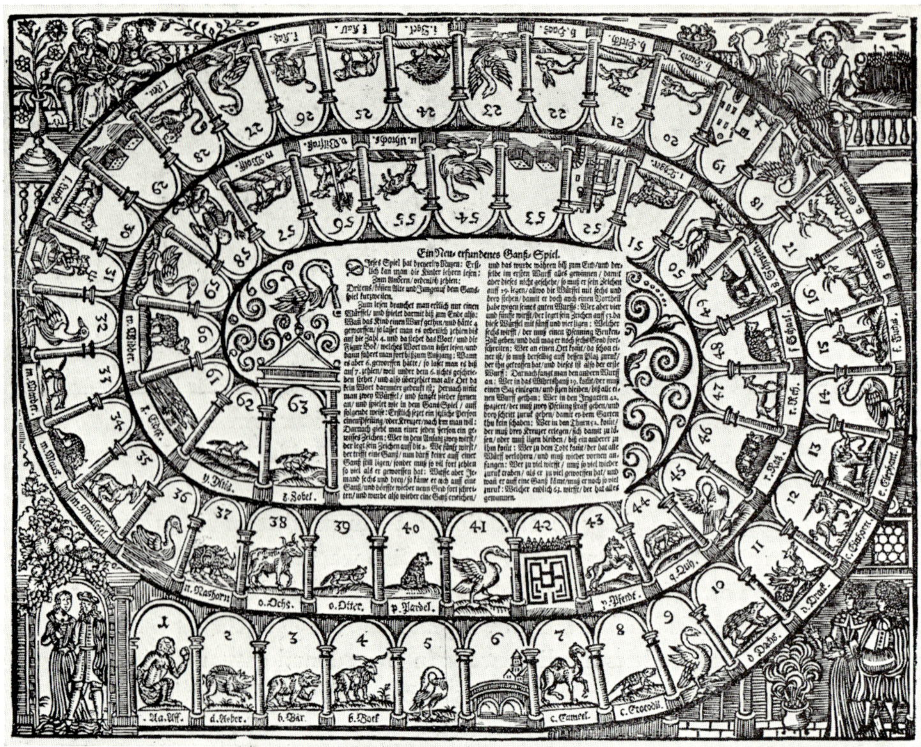

171. Kat. Nr. 372

DEUTSCHLAND,
GEGEN MITTE 17. JH.

372. EIN NEU-ERFUNDENES GANSS-SPIEL 47/21,1813

In ein rechteckiges Feld ist eine ovale Spirale einbeschrieben. Die Spielfelder von 1 bis 63 werden durch Arkaden ausgeschieden, in jedem Feld befindet sich ein Tier mit der Beischrift seines Namens, nach dem Alphabet angeordnet, mit Ausnahme der Sonderfelder. In den Zwickeln befindet sich jeweils ein Paar, das die Jahreszeiten symbolisiert.

Holzschnitt. 285 x 372 mm.

Erworben 1947 als Legat Rolf von Hoerschelmanns.

SÜDWESTDEUTSCHLAND,
UM 1780/90
GÄNSESPIEL

Siehe Kat. Nr. 327.

NÜRNBERG, VERLAG JOHANN TRAUTNER, 1788

373. GÄNSS SPIEL NN 1193

Die Felder 1—63 sind in einer Spirale angeordnet, im Zielfeld sitzen drei Kinder und lauschen den Reden eines Greises. Unterschrift: „Leih gern den Alten dein Gehör / und folge seiner weisen / Lehr." In den oberen Zwickeln je eine Montgolfiere, die linke mit Beischrift: „So fuhr Blanchard zu Nürnb. A. 1787." Unten eine lesende Dame

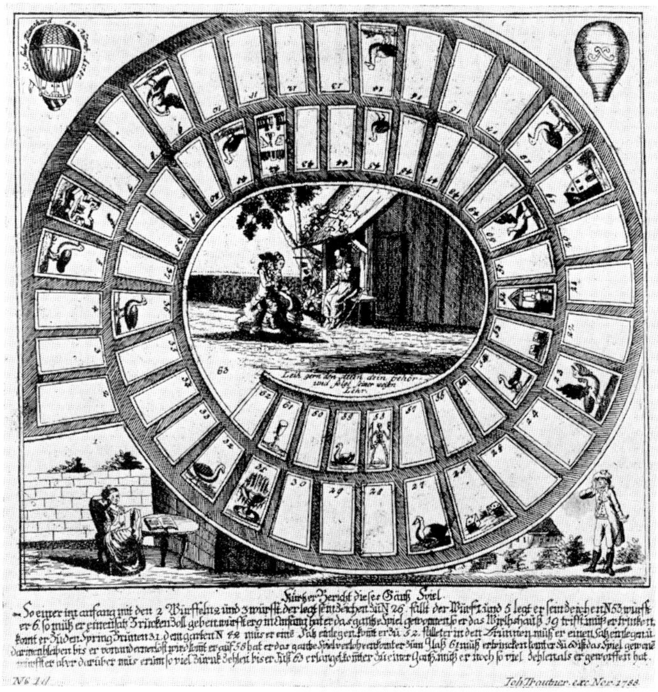

172. Kat. Nr. 373

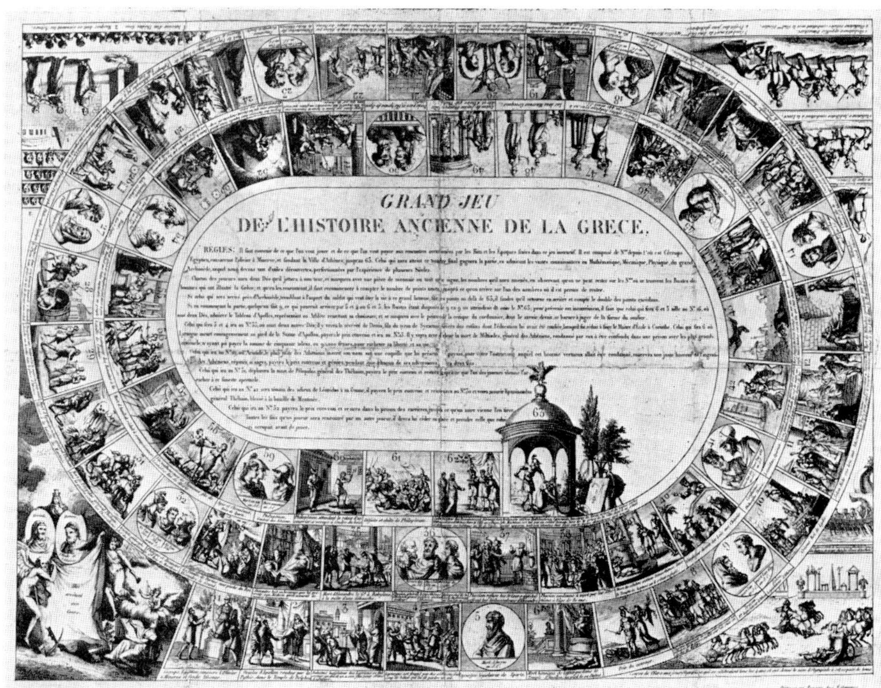

173. Kat. Nr. 374

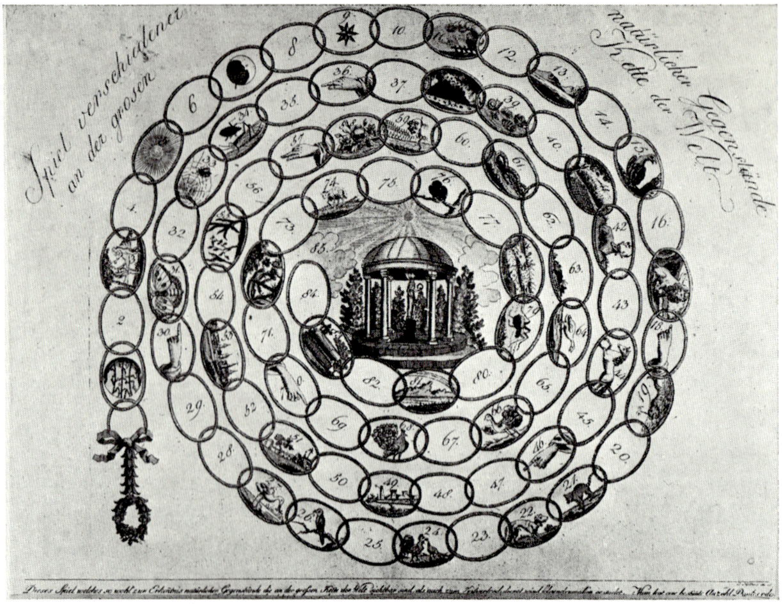

174. Kat. Nr. 375

und ein Kavalier, Spielregel und am Rand links: „No. 19", rechts: „Ioh. Trautner. exc. Nor. 1788."

Radierung. 303 x 299 mm.

Erworben 1865 von der Graphischen Sammlung.

Zu Johann Trautner siehe Kat. Nr. 355.

PARIS, VERLAG BASSET, ENDE 18. JH.

374. GRAND JEU DE L'HISTOIRE ANCIENNE DE LA GRÈCE NN 1191

In querrechteckigem Feld sind die Spielfelder 1—63 in einer Spirale angeordnet. In jedem Feld und in den Ecken Darstellungen aus der griechischen Geschichte. Das Zielfeld ein Tempietto mit der Ermordung des Archimedes. Im freien Mittelfeld Titel und Spielregeln. Unten links: „A Paris, chez Basset, Rue St. Jacques, No. 64.", rechts: „Déposé au Bureau des Estampes."

Radierung. 477 x 681 mm.

Das Verlagshaus Basset bestand in Paris seit dem 18. Jahrhundert. André, Antoine († 1775) und Françoise Basset waren selbst Kupferstecher, letztere arbeitete vor allem in Crayonmanier. In der Pariser Revolutionszeit war Basset der Hauptverleger zahlloser Spottbilder auf Adel und Klerus. Daneben sind in der Officin eine Reihe von Spielen entstanden, allein siebzehn verschiedene Gänsespiele sind bekannt.

Literatur: H. R. d'Allemagne, Le noble jeu de l'oie. Paris 1950, S. 213.

NÜRNBERG, VERLAG JOSEPH KELLNER, ENDE 18. JH.

375. KETTE DER WELT NN 1192

In einer Spirale angeordnete Kette, die einzelnen Glieder bilden die Spielfelder von 1—85, in denen Tiere, Blumen u. ä. dargestellt sind. Die immer wiederkehrende Hand zeigt an, ob der Spieler vorrücken darf oder zurück muß. In der Mitte ein Tempietto mit Siegesgöttin. Oben in Kursiv: „Spiel verschiedener natürlicher Gegenstände an der großen Kette der Welt." Unten die Spielregel, bis auf die erste Zeile abgeschnitten. Rechts unten Signatur: „J. Kellner inv. et fc . . ."

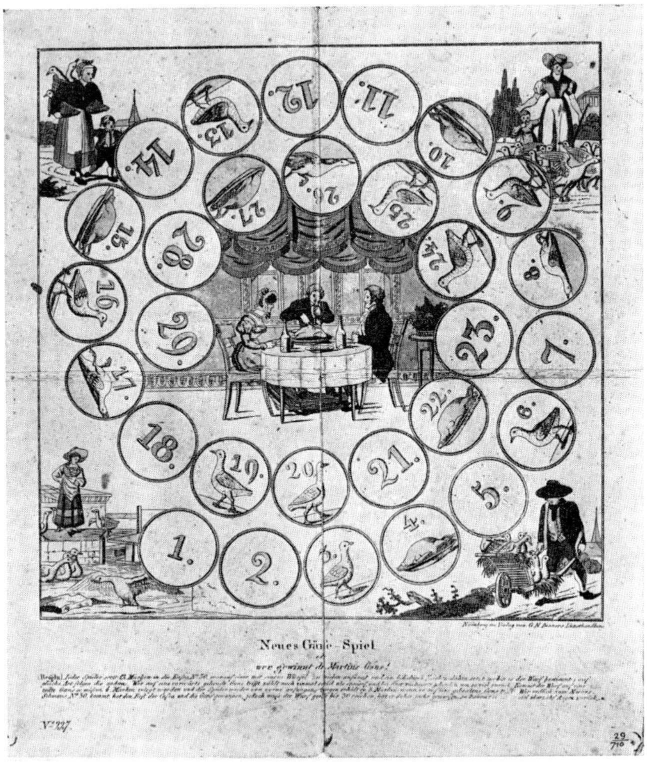

175. Kat. Nr. 377

Radierung, koloriert. Papiermaß 286 x 390 mm. — An drei Seiten beschnitten.

Erworben 1879 aus Privatbesitz Lauingen.

Joseph Kellner (1749—1814) war Kupferstecher, Schriftstecher aber auch Verfasser von Kinderbüchern.

AUGSBURG, VERLAG MARTIN ENGELBRECHT, GEGEN 1825

376. DER FREISCHÜTZ 22/14

Die Felder 1—64 in Wappenform, in einer großen Spirale angeordnet. Die Sonderfelder mit Figuren und Versen aus dem Freischütz. Im großen Zielfeld Darstellung der Schlußszene. Die Personen in einem Empire-Phantasiekostüm. In den Ecken Jagdszenen. Links, am Sockel einer Dianabüste, Inschrift: „Der Freischütz / ein / Gesellschafts-/ Spiel". Unten in der Mitte: „Bey Martin Engelbrecht in Augsburg."

Radierung, koloriert. 522 x 558 mm. — Ringsum beschnitten, in den Falten gebrochen, verschmutzt.

Erworben 1922 als Geschenk von Antiquar Spaeth, München.

Martin Engelbrecht (1684—1756) war seit 1711 zunächst Teilhaber im Verlag seines Bruders Christian. 1719 machte er sich selbständig und erhielt ein kaiserliches Privileg. Nach seinem Tode ging die Firma in die Hände seines Schwiegersohns Christian Wilhelm über, der sie 1787 seinem Sohn Paul Martin Wilhelm übergab. 1822—26 war dessen Sohn Christian alleiniger Inhaber.

Karl Maria von Webers Oper „Der Freischütz" wurde 1821 in Berlin mit großem Erfolg uraufgeführt.

Farbige Falttafel am Schluß des Bandes

NÜRNBERG, VERLAG GEORG RENNER, GEGEN 1830

377. NEUES GÄNSE SPIEL 29/710

Spielfeld mit spiralig angeordneten runden

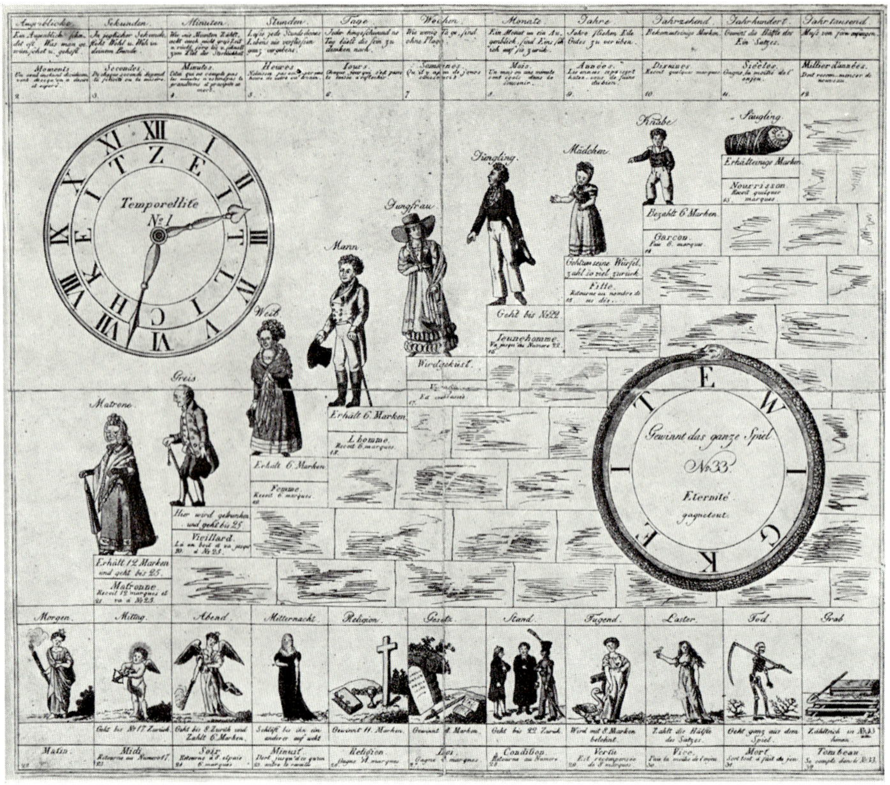

176. Kat. Nr. 378

Feldern. In den Zwickeln: eine Frau und ein Kind, sowie ein Bauer mit Gänsen. Links unten zwei Männer und eine Frau beim Gänsemahl. Unten rechts am Bildrand bezeichnet: „Nürnberg im Verlag von G N Renners Kunsthandlung.“ Unten links: „No. 227“. — Grüne Tasche, darauf Etikett „NEUES GÄNSESPIEL“ und ein Gänsefutterndes Mädchen.

Radierung, koloriert. 363 x 310 mm, Tasche: 185 x 162 mm. — Tasche bestoßen.

Erworben 1929 mit der Sammlung von Lioba Freiin von Mantey-Dittmer, München.

Zu G. N. Renner siehe Kat. Nr. 358.

DEUTSCHLAND, GEGEN 1830

378. DAS GROSSE ZIEL

Gg 136—139, 363

Rechteckiges Spielfeld, oben ein Streifen mit Zeiteinheiten. Nach links absteigend eine Treppe mit Lebensaltern, unten Tageszeiten u. a. Links oben Zifferblatt mit der Inschrift „ZEITLICHKEIT“, das Startfeld, rechts Zielfeld (33) als Scheibe mit einer sich in den Schwanz beißenden Schlange und Inschrift „EWIGKEIT“. Alle Beischriften auf deutsch und französisch.

Etikett für die Schachtel mit drei tanzenden Mädchen.

Radierung, koloriert. 325 x 386 mm. — Spielplan ringsum beschnitten, in den Falten gebrochen.

NÜRNBERG, VERLAG FRIEDRICH CAMPE, GEGEN 1830

379. DIE BLUMENLUST 29/559

Die Felder 1—40 in einer Spirale angeordnet, in jedem Feld eine Gartenblume, ein

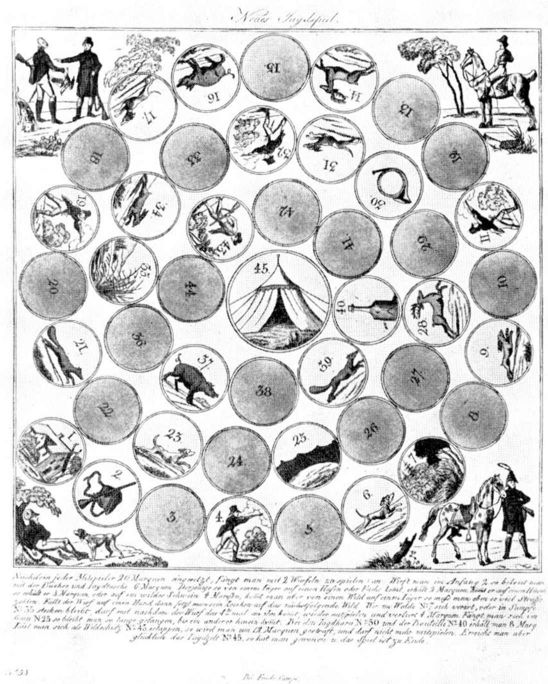

177. Kat. Nr. 380

Tier oder ein Gartengerät. Im großen Zielfeld in der Mitte Floratempel, in den Zwickeln Kinder bei der Gartenarbeit. Unten Titel, am Rand links: „No. 313", rechts: „Nürnberg bei Fr. Campe."

Radierung, koloriert. 356 x 295 mm.

Erworben 1929 mit der Sammlung von Lioba Freiin von Mantey-Dittmer, München.

Zu Friedrich Campe siehe Kat. Nr. 359.

Farbtafel nach Seite 160

NÜRNBERG, VERLAG FRIEDRICH CAMPE, UM 1830

380. NEUES JAGDSPIEL 29/556

Die Spielfelder sind spiralig angeordnete Kreise von 1—45. Die Sonderfelder mit Jagddarstellungen. In den Zwickeln Darstellungen von Jägern. Oben der Titel, unten Spielregel. In der Mitte unten: „Bei Friedr. Campe."; links „N 53".

Radierung, koloriert. 347 x 292 mm.

Erworben 1920 mit der Sammlung von Lioba Freiin von Mantey-Dittmer, München.

Zu Friedrich Campe siehe Kat. Nr. 359.

NÜRNBERG, JOHANN WUNDER, VERLAG FRIEDRICH CAMPE, UM 1830

381. DIE SPASSVÖGEL 29/2694

Die Spielfelder 2—18 sind im Rechteck angeordnet, in jedem Feld sind Prämien oder Verluste angemerkt, in den 4 Ecken größere Ovalfelder mit den Spaßvögeln, bei denen ein Pfand abzugeben ist. Unter dem Zielfeld mit Storch und Wickelkind der Titel und die Spielregel. Das Zielfeld signiert: „Wunder inv: et fc." Unten links „No. 351" rechts „Nürnberg, bei Fr: Campe".

Radierung, koloriert. 343 x 296 mm.

Erworben 1929 mit der Sammlung von Lioba Freiin von Mantey-Dittmer, München.

Zu Campe und Wunder siehe Kat. Nr. 359.

Farbtafel nach Seite 176

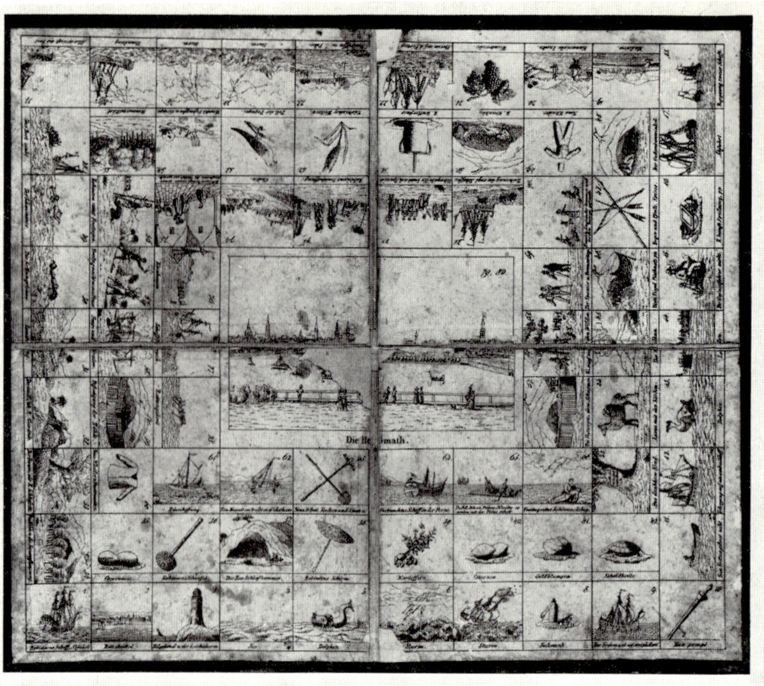

178. Kat. Nr. 382

DRESDEN, VERLAG AUGUST FRIESE, UM 1830

382. ROBINSONS REISEN 39/29

Vierfach zusammenklappbares Spielfeld. Außen Etikett: „Robinsons Reisen / zu Wasser und zu Lande, so wie seine Schicksale auf / der durch ihn allgemein bekannten wüsten Insel. / Ein neues und höchst interessantes Post- und Reisespiel zu- / gleich als Bildergalerie zu Campes Robinson, und als / Stoff zu belehrenden Gesprächen über Natur- und Völker- / kunde nutzbar / mit deutlicher Erklärung des Spiels und einer Cassentabelle. / Dresden u. Pirna, / Verlag von August Robert Friese.“ Innen rings umlaufende Felder von 1—80 mit den einzelnen Erlebnissen Robinsons.

Lithographie. 480 x 415 mm. — Fleckig, bestoßen. Anleitung und Kassentabelle fehlen.

Erworben 1939 als Geschenk von Prof. Dr. Georg Lill, München.

August Robert Friese (1805—1848) übernahm 1828 die Verlagsbuchhandlung seines Vaters in Dresden, die er 1834 nach Leipzig verlegte. Entschiedene politische Interessen führten 1847 zur Gründung eines neuen Verlags zusammen mit seinem Freunde Robert Blum.

NÜRNBERG, VERLAG GEORG RENNER, UM 1840

383. NORDERNEYER SPIEL 29/561

Die Felder 1—39 im Rechteck angeordnet. An den Langseiten ist jedes zweite, an den Schmalseiten jedes Feld mit verschiedenen Darstellungen von Bade- und Reisefreuden, Hafenansichten, Schiffen usw. versehen. Oben Titel, unten Spielregel. Am Rand links unten: „Original u. Eigenthum No 315.“, rechts: „G. N. Renner & Co in Nürnberg.“

Lithographie, koloriert. 336 x 414 mm.

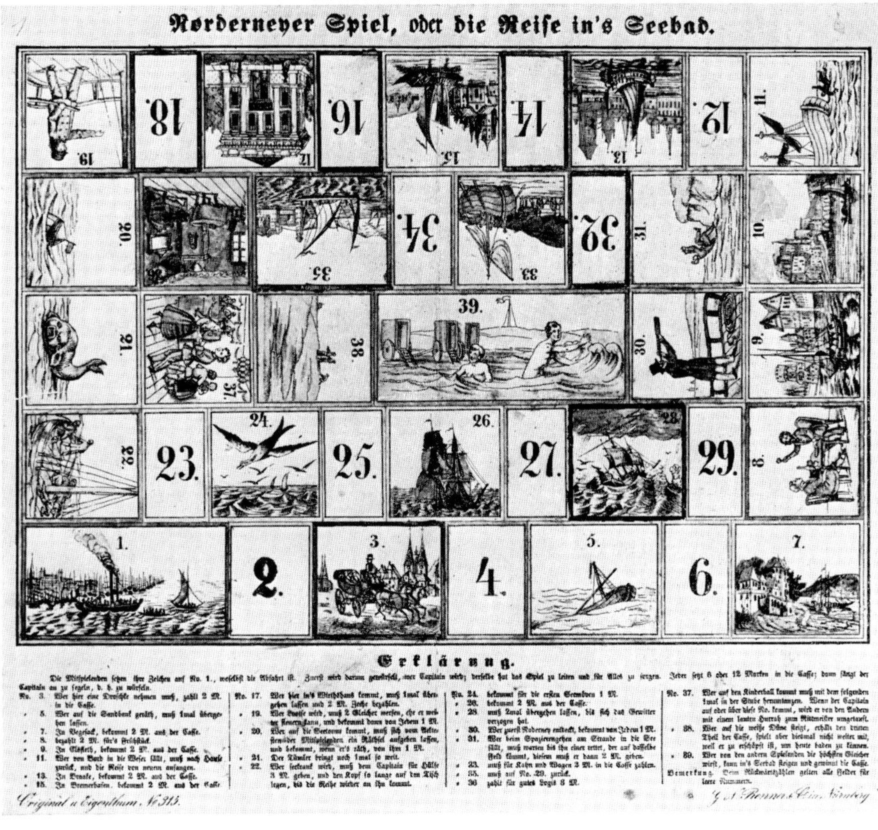

179. Kat. Nr. 383

Erworben 1929 mit der Sammlung von Lioba Freiin von Mantey-Dittmer, München.

Zu Georg Renner siehe Kat. Nr. 358.

DEUTSCHLAND, UM 1840

384. DIE REISE NACH DEN PYRAMIDEN 27/538

Im Rechteck angeordnete Felder von 1—21 mit Darstellungen aus Ägypten. Am Bildrand unten rechts: „No. 288." Darunter Spielregel in deutsch und französisch. Auf der Papptasche Etikett mit Beduine auf einem Kamel und Titel, sowie „No. 124[d]".

Radierung, koloriert. 382 x 324 mm.

Erworben 1927 mit der Sammlung von Justizrat Heberle, Passau.

NÜRNBERG, VERLAG J. G. KLINGER, GEGEN 1850

385. DER HÜHNERHOF 29/558

Im Rechteck angeordnete Felder von 2 bis 73, in den Sonderfeldern verschiedene auf den Hühnerhof bezogene Darstellungen. In der Mitte Darstellung des Hühnerhofs mit einer fütternden Magd und dem Titel. Unten Spielregel, links „No. 163", rechts: „Nürnberg J. G. Klinger's Kunsthandlung."

Radierung, koloriert. 359 x 311 mm.

Erworben 1929 mit der Sammlung von Lioba Freiin von Mantey-Dittmer, München.

Johann Georg Klinger (1764—ca. 1809), Zeichner und Kupferstecher, hat vor allem Porträts und Landkarten gestochen. 1809 wird seine

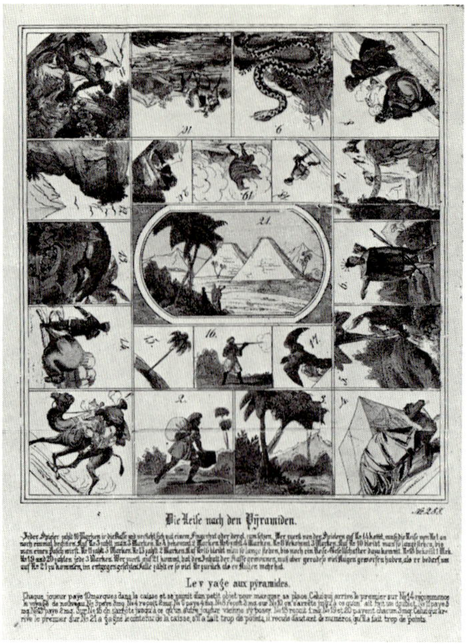

180. Kat. Nr. 384

Witwe Katharina Walburga als Besitzerin der Kunsthandlung bezeichnet, die 1831 an Johann Paul Dreykorn überging, jedoch weiterhin unter dem Namen „J. G. Klingersche Kunsthandlung" firmierte. 1860 wurde der Betrieb eingestellt. Aus dem Verlag ist noch ein weiteres Laufspiel bekannt: „Die Steckenpferde oder Liebhabereien der Menschen" (Landesmuseum Münster).

MAINZ, VERLAG JOSEPH SCHOLZ, UM 1850

386. ROBINSONADE 47/21,1782

In ein nahezu quadratisches Feld ist eine Spirale einbeschrieben mit den Spielfeldern von 1—30, darin die verschiedensten Abenteuer eines Jünglings auf einer Seereise. In den Zwickeln zugehörige Darstellungen. Unten links bezeichnet: „Mainz bei Jos. Scholz No. 2".

Lithographie, koloriert. 341 x 312 mm.

Erworben 1947 als Legat Rolf von Hoerschelmanns.

Der noch heute bestehende Verlag wurde 1793 von Joseph Carl Scholz (1768—1813) in Wiesbaden gegründet und 1829 nach Mainz verlegt. Von 1832—1880 leitete Christian Scholz die Firma, der er eine eigene Druckerei, eine lithographische Anstalt und eine Buchbinderei anschloß. Die Produktion umfaßte in erster Linie Kinderbücher, daneben aber auch Ausschneidebogen und Spiele.

NÜRNBERG, VERLAG J. L. LOTZBECK, UM 1850

387. NEUESTES RITTER- TURNIER- UND SARAZENEN-SPIEL 29/709

Die 94 Felder sind spiralig in 12 Rechtecken angeordnet, die Sonderfelder mit neugotischen Ornamenten oder Szenen aus dem Leben eines Ritters geziert. Das Spiel endet mit dem Ritterschlag. Auf der Tasche ein Ritter als Türkensieger und der hl. Georg, in der Mitte bekränzt ein Ritterfräulein den knienden Ritter. Oben Titel, unten „Nürnberg J. L. Lotzbeck".

Lithographie, koloriert. 400 x 460 mm. — Tasche vielfach bestoßen.

Erworben 1929 mit der Sammlung von Lioba Freiin von Mantey-Dittmer, München.

181. Kat. Nr. 385

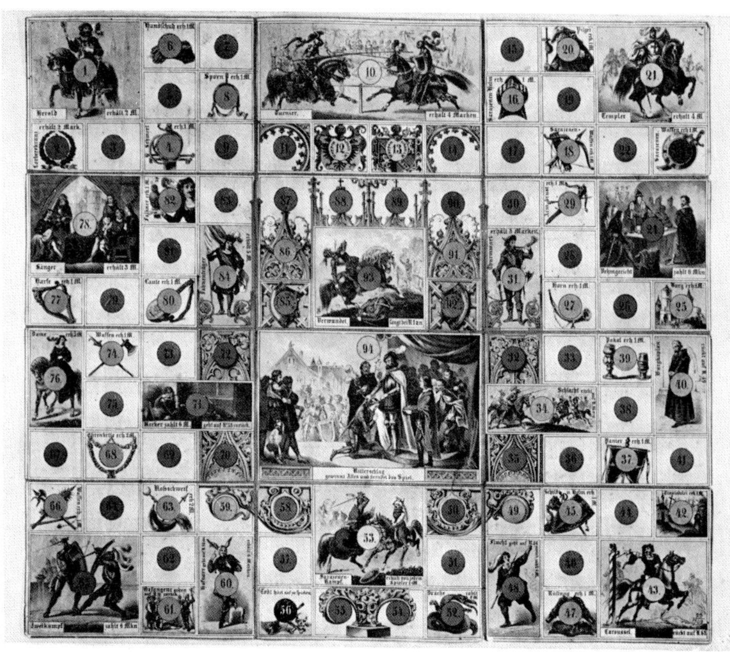

182. Kat. Nr. 386

183. Kat. Nr. 387

184. Kat. Nr. 388

Johann Ludwig Lotzbeck (1816—1886) trat 1830 in die Lehre des Buchhändlers Zeh, dessen Geschäft er 1846 übernahm.

DEUTSCHLAND, UM 1860

388. DIE ENGLISCHE PARFORCE-JAGD 27/531

Pappschachtel mit der Darstellung einer Parforce-Jagd. Aufklappbares Spielbrett mit fünf Bahnen von je zwölf Feldern über der Darstellung einer Landschaft. Ausgeschnittene Pappfiguren; drei Jäger, ein Hund, ein Hirsch. — Gedruckte Spielregel in vier Sprachen. Porzellanwürfel (siehe Kat. Nr. 350).

Lithographie, koloriert. Schachtel: 23,5 x 19,5 cm.

Erworben 1927 mit der Sammlung von Justizrat Heberle, Passau.

SÜDDEUTSCHLAND, UM 1680

389. SPIELBRETT D 609

Runde Scheibe mit profiliertem Rand. In der Mitte Elfenbeinschale, zu der sechs Bänder mit je sechs Feldern hinführen. In den Zwickeln Intarsien: drei Blumen, zwei Vögel, eine zerrissene Herz-As-Karte. An großen Messingnägeln im Rand sind mit Schnüren gedrechselte Stifte befestigt, die beim Vorrücken in die Löcher der einzelnen Felder gesteckt werden.

Ebenholz, Eiche, Nußbaum, Elfenbein, Perlmutter. Dm. 43,5 cm. — Drei Stifte ergänzt, einer mit gebrochener Spitze.

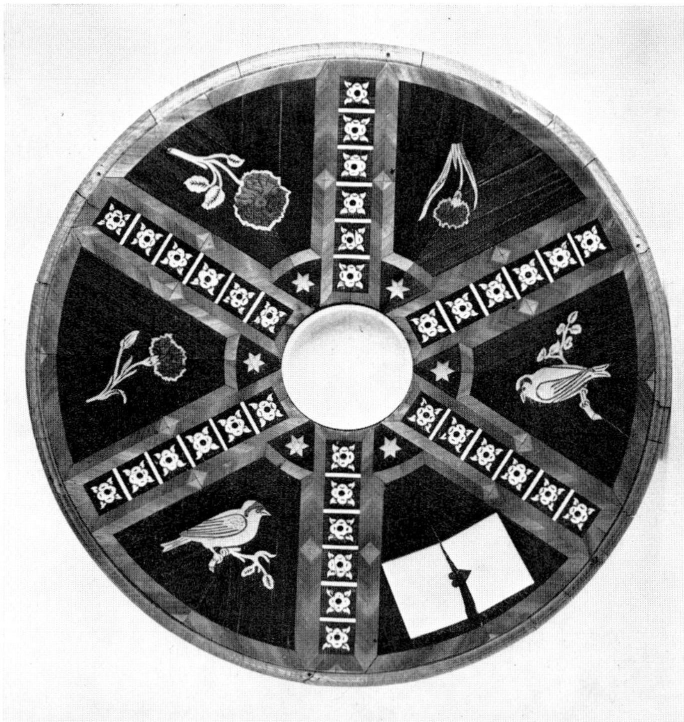

185. Kat. Nr. 389

186. Kat. Nr. 390

Erworben vor 1883.

Es handelt sich bei diesem Spiel wohl um ein vereinfachtes Pachisi. Jeder Spieler rückt mit seiner Figur auf seinem Streifen zur Mitte vor.

DEUTSCHLAND, GEGEN MITTE 19. JH.

390. CHINESENSPIEL 29/703

Quadratischer Kasten mit Schiebedeckel, darauf der gedruckte Spielplan, koloriert mit den Farben Gelb, Rot, Blau und Grün. Vier gedrechselte Chinesenfigürchen sind in den gleichen Farben gehalten. Zugehöriger Würfel siehe Kat. Nr. 349.

Fichte, Papier. 16,5 x 16,5 x 35 cm. — Stark verschmutzt und bestoßen.

Erworben 1929 mit der Sammlung von Lioba Freiin von Mantey-Dittmer, München.

Von seiner Farbe ausgehend, läuft jeder Spieler einmal um das Feld und dann zur Mitte. Vorgerückt darf nur werden, wenn die eigene Farbe beim Würfel fällt.

16.
Till Eulenspiegel.
17.
verliert 5 Marken
2.
gewinnt 3 Marken
3.
gewinnt 5 Marken
4.
Simplicius Simplicissimus
18.
15.
verliert 7 Marken
5
verliert 6 Marken
14.
gewinnt 8 Marken
6.
gewinnt 4 Marken
13.
7.
verliert 3 Marken
12.
Peter Kyau.
8.
Klausnarr.
11.
kostet 3 Marken
10.
gewinnt 6 Marken
9.
zahlt 4 Marken Zeche
Die Spaſsvœgel
und die Glücksvœgel
ein kurzweiliges Gesellschaftspiel.
SPIELREGELN.
1.
Nachdem jeder Mitspieler 12 Marken in den Pot gelegt hat, wird mit 2 Würfeln der Reihe nach herum geworfen und auf das getroffene Feld ein Zeichen gesetzt. Dieser kann ein Knopf, ein Ring p.p. seyn und wählt sich jeder Mitspieler eines, um damit im Kreise fortzuzählen, wenn der Wurf wieder an ihn kommt.
2.
Führt der Wurf auf einen Lustigmacher, nämlich auf eines der 4 ovalen Eckfelder, so muſs man ein Pfand geben. Die eingehenden Pfänder werden dann zu Ende des Spiels auf die gewöhnliche Weise gelöst.
3.
Bei den kleinen Gegenständen wird der darunter bemerkte Verlust in den Pot entrichtet und der Gewinnst aus demselben bezahlt. Sollte dieser aber leer werden, ehe das Spiel beendigt ist, so muſs jeder Theilnehmer noch 6 Marken in denselben nachzahlen.
4.
Wer bei Nº 13 in den Käfig geräth, muſs so lange darin bleiben, bis ein Anderer hinein kommt oder ein neues Spiel angeht. Bis dies geschieht, darf man nicht mitspielen.
5.
Kommt man auf ein schon von einem Andern besetztes Feld, so muſs man diesem eine Marke geben und auf seinen alten Platz zurück; übrigens gewinnt und verliert man nichts.
6.
Derjenige, so durch einen Wurf gerade auf Nº 18 gelangt, hat das Spiel gewonnen und zieht Alles, was in dem Pot vorhanden, als Gewinnst heim. Wirft man aber mehr, so muſs man bei Nº 2 weiter fortzählen und aufs Neue den Kreis wieder durchmachen, bis es endlich Einem gelingt, das Feld Nº 18 gerade zu erreichen.
Nº 357.
Nürnberg, bei Fr: Camp.

Kat. Nr. 381

BEWEGUNGSSPIELE

PALLONE-SPIEL

Das giuoco de pugna oder giuoco de pallone ist ein Ballspiel, bei dem ein aufgepumpter Ball von mehr als 30 cm Durchmesser von der einen Partei (drei, vier oder sechs Spieler) zur anderen geschlagen wird. Der schlagende Arm ist dabei durch einen hölzernen Ärmel mit Stacheln geschützt. Die Stacheln ermöglichen die verschiedensten Arten den Ball zu treiben, der außerdem auch gegen eine Wand geschlagen werden kann. Diejenige Partei, in deren Feld der Ball auf dem Boden liegen bleibt, erhält einen Strafpunkt.
Das Spiel wurde seit dem Mittelalter bis ins 19. Jahrhundert überall in Europa gespielt. Schon vor Christi Geburt sind in Rom luftgefüllte Lederbälle bekannt, die mit der Faust und mit dem Unterarm geschlagen wurden. So ist das Pallone-Spiel wohl sicher in den romanischen Ländern entstanden, wo es sich auch größter Beliebtheit erfreute. Es wurden Wettkämpfe vor zahlreichen Zuschauern ausgetragen, die Spieler gehörten zumeist den höheren Ständen an. Von Pietro de'Medici, dem Sohn des Lorenzo il Magnifico, wird berichtet, daß er seine Pflichten über dem Pallonespiel vernachlässigt habe. 1574 spielte es Herzog Albrecht von Bayern mit seinen Söhnen auf dem Weinmarkt zu Augsburg. Gustav Adolf von Schweden spielte Pallone bei einem Besuch in Nürnberg mit jungen Leuten des Patriziats. Auf dem Leipziger Markt bestritten 1631 die Herzöge von Altenburg, der Landgraf von Kassel, ein Graf Solms und weitere Adelige ein Spiel. Im 19. Jahrhundert scheint es jedoch nur noch in Italien gespielt worden zu sein. Immerhin erwähnt es noch 1836 J. A. L. Werner ausführlich in seinem Spielbuch, wobei er auch das englische Football zum Vergleich heranzieht. Ulmann schildert noch 1892 ein sehr verderbtes Ballonspiel, wobei er die Mauer mißdeutet, den Bracciale als in Italien gebräuchlich aber noch aufführt. Dennoch geriet das Spiel in Deutschland so sehr in Vergessenheit, daß die Zweckbestimmung der in größerer Zahl erhaltenen Schlagärmel erst in jüngster Zeit wieder entdeckt wurde. Das ältere Exemplar des Bayerischen Nationalmuseums wurde von seinem Vorbesitzer in der ersten Hälfte des 19. Jahrhunderts dem Landgericht Erding als vermeintliches Folterinstrument eingeliefert. Als solches gelangte es auch in die Sammlungen des Museums.
Die Schlagärmel fanden auch in die Emblembücher des 17. und 18. Jahrhunderts Eingang. Sie dienen dort als Hinweise auf Märtyrer („Geschlagenwerden hebt zum Himmel"), selbst auf die Passion Christi, wobei auf ihre wie durch Narben zerrissene Oberfläche angespielt wird („Selbst verwundet treibe ich an") oder schließlich auch nur als Symbol der Abwehr gegen Eingebildete („Aufgeblasene schlage ich").

Literatur: J. A. L. Werner, Die reinste Quelle jugendlicher Freuden oder 300 Spiele. Dresden und Leipzig 1836, S. 7 f. — Ph. Heineken, Die beliebtesten Rasenspiele. Stuttgart 1893, S. XXXVI ff. — H. Schnell, Handbuch der Ballspiele. 3. Teil. Leipzig 1901, S. 3 f. — F. Prodinger, Das Ballspiel der Figuren des Zwerglgartens zu Salzburg. Salzburger Museum Carolino Augusteum, Jahresschrift 1960, S. 69 ff. — Dies., Ergänzungen zur Kenntnis des Pallone-Spieles. Ebda. 1962, S. 101 ff. — F. J. Fischer, Pallone-Spiel und Zwergl-Theater. Ebda. 1966/67, S. 97 ff. — Grete Lesky, Schloß Eggenberg. Graz 1970, S. 104 ff.

187. Kat. Nr. 392

188. Kat. Nr. 391

ALPENLANDE, 16./17. JH.

391. SCHLAGÄRMEL St.R.16

Hohlzylinder mit neun gegeneinander versetzten Stachelkränzen. Glatter Randstreifen oben und unten.

Lindenholz. L. 30,5, Dm. 18,5 cm. — Der Länge nach gerissen, zahlreiche Stacheln abgebrochen, Griff im Innern ergänzt.

Erworben zwischen 1883 und 1907 vom Landgericht Erding.

Literatur: Kat. VII, Nr. 16.

OBERITALIEN, 18. JH.

392. KINDERSCHLAGÄRMEL 64/71

Hohlzylinder mit acht gegeneinander versetzten Stachelkränzen, in einen stilisierten Tierrachen endend. Darin S-förmiger Griff. Flach eingeschnittenes Gesicht auf dem Oberteil, unten „BMB", seitlich „PS".

Nußbaum, Stacheln Kornelkirsche. L. 23,5 Dm. 19 cm.

Erworben 1964 als Geschenk von Leopold und Ruth Blumka, New York.

Literatur: Münchner Jahrbuch 16.1965, S. 244.

PASS-SPIEL

Bei dem „Jeu des Passes“ werden vom Spieler eine oder zwei Holzkugeln mit einem Schläger über ein Spielfeld getrieben, wobei es darauf ankommt, eine zuvor vereinbarte Punktzahl zu erreichen. Es steht dem Spieler frei, auf das Brett (la Planche) oder auf die Tore (les Fers) zu spielen. Geht die Kugel durch das Loch im Brett oder durch eines der Tore, erhält der Spieler die entsprechende Punktzahl gutgeschrieben. Rollt die Kugel in eines der Löcher (la Blouse), werden Punkte abgezogen.

Das Spiel wurde von Kurfürst Max Emanuel von Bayern erfunden. Es stellt eine Weiterentwicklung des in jener Zeit in Frankreich und England sehr beliebten seit dem Mittelalter bekannten Mail-Spiels (Pall-Mall) dar.

Im Park von Schloß Nymphenburg befand sich ein Spielfeld für das Jeu des Passes, das Pierre de Bretagne (Augustinerpater und Beichtvater Max Emanuels), in seinem Werk: „Rejouissances et fêtes magnifiques, qui se sont faites en Bavière l’an 1722 ...“ München 1723, auf Seite 55 ausführlich beschreibt und abbildet. 1723 wurde im Pallas-Pavillon des Schleißheimer Schlosses ein Saal für das Paßspiel eingerichtet, so daß man auch bei ungünstiger Witterung spielen konnte.

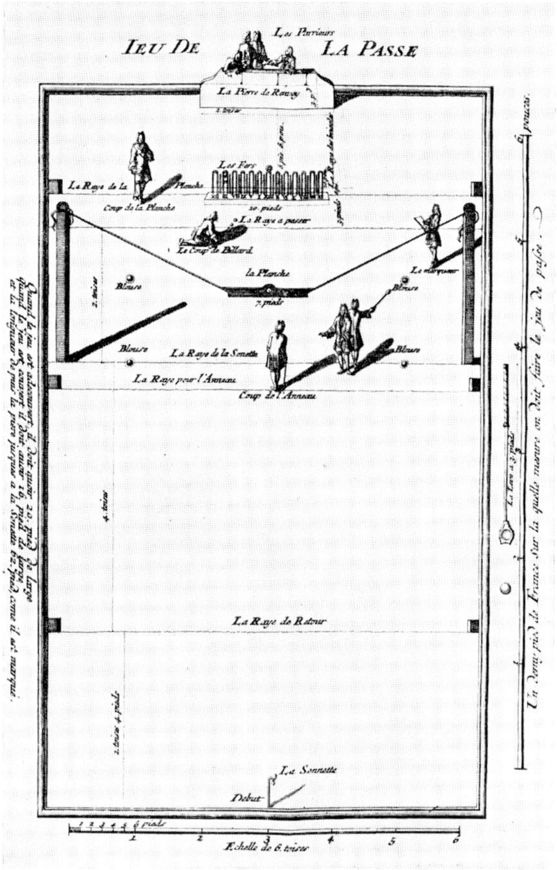

189. Kat. Nr. 393

MÜNCHEN, ANFANG 18. JH.,
MAX EMANUEL VON BAYERN

393. REGLES DU JEU DES PASSES

Bibl. 35141

Kleiner Oktavband mit 60 Seiten und einer auszuklappenden Kupfertafel. Titel: REGLES DU JEU DES PASSES. Inventé par S.A.E. Monseigneur L'ELECTEUR DE BAVIERE. In zehn Kapiteln werden die Spielregeln ausführlich abgehandelt. Die letzten neun nicht mehr paginierten Seiten enthalten das Inhaltsverzeichnis. Die Kupfertafel zeigt das Spielfeld mit seiner Einteilung und seinen Hindernissen sowie neun spielende Kavaliere.

Erworben 1971 aus Buchhandel München.

An der Autorschaft Max Emanuels ist nicht zu zweifeln, da Pierre de Bretagne in seinem Werk über die Feste anläßlich der Hochzeit des Kurprinzen Karl Albrecht mit Amalia Maria von Österreich bei der Beschreibung des Spiels „Son Altesse Electorale", also den regierenden Kurfürsten, als Erfinder des Spiels nennt. Die Typographie und der Buchschmuck scheinen eher auf eine Entstehung des Druckwerkes in Deutschland als in Frankreich zu deuten.

Eine zweite Ausgabe der Regeln mit deutscher Übersetzung erschien 1765 bei Johann Friedrich Ott in München: „Règles du Jeu des Passes. Inventé par S.A.S.E. Monseigneur l'Electeur de Baviere. — Regeln des Paßspiels, welches von Sr. Churfürstlichen Durchlaucht in Baiern erfunden worden." 1768 sind bei Johann Thomas Trattner in Wien die etwas modifizierten österreichischen Regeln erschienen: „Règles du Jeu des Passes, comme on le joue en Austriche avec les remarques sur celui de Baviere."

VERZEICHNISSE

ABKÜRZUNGEN ZITIERTER LITERATUR

Augsburger Renaissance Ausstellung	=	Ausstellung Augsburger Renaissance. Augsburg 1955.
BNM Kat.	=	Kataloge des Bayerischen Nationalmuseums.
BNM Kat. V	=	Hugo Graf, Romanische Alterthümer des Bayerischen Nationalmuseums. München 1890.
BNM Kat. X	=	Friedrich H. Hofmann, Europäisches Porzellan. München 1908.
BNM Kat. XI	=	Georg Hager, Denkmale und Erinnerungen des Hauses Wittelsbach. München 1909.
BNM Kat. XIII, 4	=	Rudolf Berliner, Die Bildwerke in Elfenbein, Knochen, Hirsch- und Steinbockhorn. München 1926.
BNM Kat. XIII, 5	=	Hans R. Weihrauch, Die Bildwerke in Bronze und in anderen Metallen. München 1956.
Bonanni	=	Philippo Bonanni. Numismata Pontificum Romanorum. Rom 1699.
Brettauer	=	Eduard Holzmaier, Katalog der Slg. Dr. Jos. Brettauer – Medicina in Nummis. Wien 1937.
Domanig	=	Karl Domanig, Die Deutsche Medaille. Wien 1907.
Domanig Österreich	=	Karl Domanig, Porträtmedaillen des Erzhauses Österreich. Wien 1896.
Fieweger	=	Collectio Fieweger, Katalog satyrischer Medaillen und Münzen aus dem Nachlaß. Versteigerung Berlin 22./23. 4. 1885.
Figdor	=	Die Sammlung Dr. Albert Figdor, Wien. Auktion Artaria-Glückselig-Cassirer Wien, Juni bis September 1930.
Franks-Grueber	=	Augustus W. Franks und Herbert A. Grueber. Medallic Illustrations of the History of Great Britain and Ireland. London 1885–1911.
Führer 1868	=	Frhr. v. Aretin, Das bayerische Nationalmuseum. München 1868.
Gey	=	Paul Gey, Künstlerische Schachfiguren aus alter Zeit. In: Daheim 55, 1. 1918/19, Nr. 15, S. 10 f.
Goldschmidt	=	Adolph Goldschmidt, Die Elfenbeinskulpturen aus der Zeit der karolingischen und sächsischen Kaiser. Berlin 1914.
Goppl-Plum	=	Slg. Marie Louise Goppl – Dr. Plum – Holler. Auktion 115 Karl Kress. München 1960.
Graetz	=	Herbert R. Graetz, Schach im Wandel der Zeiten. Ausstellung Leipzig 1960.
Habich	=	Georg Habich, Die deutschen Schaumünzen des 16. Jahrhunderts. München 1929.
Hefner-Alteneck	=	Jakob Heinrich von Hefner-Alteneck, Kunstschätze aus dem Bayerischen Nationalmuseum. München, 1882.
Hirsch	=	Alex. Hirsch, Die Medaillen auf den Entsatz von Wien 1683. Troppau 1883.
Kahane	=	S. B. Kahane, Die Münze im Dienste der Liebe und Ehe. Braunschweig 1928.
Katz	=	Viktor Katz, Freundschaftsmedaillen und verwandte Denkmale. Prag 1938.
Köhler	=	Johann David Köhler, Historische Münz-Belustigung. Nürnberg 1729 bis 1750.
Lampe	=	Aladin Lampe, Die Dame und der König. Kulturgeschichte des Schachspiels. München 1962.
Lanna	=	Sammlung des Frhrn. Adalbert von Lanna, Prag. Auktion Lepke Berlin, 21.–28. 3. 1911.

Liddell	= Donald M. Liddell, Chessmen. New York 1937.
Lieb, Fugger	= Norbert Lieb, Die Fugger und die Kunst. München 1952 (Bd. I) und 1958 (Bd. II).
Lochner	= Johann Hieronymus Lochner, Sammlung merkwürdiger Medaillen. Nürnberg 1737–1744.
van Loon	= Gerard van Loon, Histoire Métallique des XVII Provinces des Pays-Bas. La Haye 1732–37.
Pl	= Gustav Pauli, Hans Sebald Beham. Straßburg 1901.
Pommeranz-Liedtke	= Gerhard Pommeranz-Liedtke, Schachfiguren aus zehn Jahrhunderten. Frankfurt 1964.
Raczynski	= Edouard Raczynski. Le Médailler de Pologne. Breslau 1838–1843.
RDK	= Reallexikon zur Deutschen Kunstgeschichte. Stuttgart 1937ff.
Schlosser	= Julius v. Schlosser, Werke der Kleinplastik in der Skulpturensammlung des A. H. Kaiserhauses. Wien 1910.
Schmid	= Paul Schmid, Die Deutsche Hochzeitsmedaille. München o. J. (ca. 1938).
Siebmacher	= J. Siebmacher's Großes und allgemeines Wappenbuch. Nürnberg 1856 ff.
Volbach	= Staatliche Museen zu Berlin. Die Bildwerke des Deutschen Museums, I. W. F. Volbach, Die Elfenbeinbildwerke. Berlin 1923.
Weifert	= Hugo Weifert, Meine Sammlung von Medaillen auf die Eroberung Belgrads in den Jahren 1688, 1717 und 1789 und den Frieden von Passarowitz 1718. Panscova 1893.
Weiler	= Hanno Weiler, Bonner Belagerungen. Gedenkmünzen 1689, 1703. Ms. Bergisch Gladbach 1970.
Wichmann	= Hans und Siegfried Wichmann, Schach. Ursprung und Wandlung der Spielfigur in zwölf Jahrhunderten. München 1960.
Zur Westen	= W. von Zur Westen, Graphische Spieltafeln. In: Zeitschrift für Bücherfreunde 39. 1935, S. 121.

Abkürzungen: H = Höhe, Dm = Durchmesser, S = Stärke, Vs. = Vorderseite, Rs. = Rückseite.

KONKORDANZ DER INVENTAR- UND KATALOGNUMMERN

Bibl. 35141	= 393	R 93	= 329	R 1006	= 326
D 554	= 7	R 94	= 351	R 1099	= 46
D 590	= 28	R 201	= 45	R 1179	= 341
D 592	= 79	R 221	= 4	R 1829–1830	= 156
D 609	= 389	R 429	= 85	R 1831–1832	= 157
D 610	= 337	R 430	= 86	R 1833	= 158
D 1005	= 59	R 431	= 103	R 1834	= 124
Gg 136–139	= 378	R 432	= 102	R 1835	= 125
Gg 363	= 378	R 433	= 89	R 1836–1853	= 126
Gg 364	= 333	R 434	= 88	R 1854	= 128
Gg 365	= 354	R 435	= 87	R 1855	= 129
Gg 1065	= 321	R 436	= 100	R 1856	= 130
MA 178	= 58	R 437	= 90	R 1857	= 131
MA 179	= 2	R 438	= 101	R 1858	= 132
MA 180	= 1	R 440	= 93	R 1859	= 133
MA 2523	= 322	R 441	= 92	R 1860	= 134
MA 2524	= 42	R 442	= 104	R 1861	= 135
MA 2993	= 43	R 443	= 94	R 1862	= 136
NN 70	= 266	R 444	= 91	R 1863	= 137
NN 71	= 269	R 445	= 105	R 1864	= 138
NN 72	= 270	R 446	= 106	R 1865	= 130
NN 73	= 261	R 447	= 108	R 1866	= 139
NN 74	= 268	R 448	= 98	R 1867	= 129
NN 75	= 264	R 449	= 107	R 1868	= 140
NN 76	= 263	R 450	= 95	R 1869	= 141
NN 77	= 259	R 451	= 96	R 1870	= 142
NN 78	= 265	R 452	= 99	R 1871	= 135
NN 79	= 260	R 453	= 109	R 1872	= 143
NN 80	= 271	R 454	= 115	R 1873	= 144
NN 81	= 272	R 455	= 114	R 1874	= 145
NN 82	= 273	R 457	= 72	R 1875	= 146
NN 83	= 274	R 458	= 73	R 1876	= 147
NN 84	= 267	R 472	= 110	R 1877	= 148
NN 85	= 262	R 477	= 66	R 1878	= 149
NN 780	= 40	R 478	= 65	R 1879	= 150
NN 870	= 6	R 479	= 64	R 1880	= 154
NN 924	= 84	R 480	= 67	R 1881	= 155
NN 1157	= 12	R 767	= 3	R 1883	= 295
NN 1162	= 225	R 777–808	= 5	R 1888	= 286
NN 1163	= 196	R 874	= 8	R 1889	= 289
NN 1191	= 374	R 958	= 343	R 1890	= 288
NN 1192	= 375	R 959	= 344	R 1891	= 298
NN 1193	= 373	R 960	= 343	R 1892	= 287
NN 1194	= 355	R 961	= 344	R 1893	= 296
NN 1195	= 353	R 962	= 343	R 1894	= 292
NN 1198–1229	= 30	R 963	= 345	R 1895	= 284
NN 1230–1261	= 31	R 964	= 343	R 1896	= 294
R 88	= 328	R 965–966	= 342	R 1897	= 297
R 89	= 44	R 986	= 33	R 1898	= 291

R 1901 = 199
R 1902 = 200
R 1903 = 201
R 1910 = 277
R 1912 = 275
R 1914–1918 = 169
R 1919 = 207
R 1921 = 197
R 1923 = 184
R 1924 = 189
R 1925 = 190
R 1926 = 207
R 1927 = 285
R 1929 = 188
R 1932 = 317
R 1935–1961 = 78
R 1962–1978 = 169
R 1979 = 276
R 1980–1994 = 127
R 1995 = 60
R 1996 = 61
R 1997 = 62
R 1998 = 169
R 1999 = 198
R 2000 = 312
R 2002 = 314
R 2003 = 165
R 2007 = 316
R 2008 = 315
R 2009 = 238
R 2010 = 234
R 2011 = 239
R 2012 = 241
R 2014 = 229
R 2016 = 236
R 2017 = 240
R 2019 = 227
R 2020 = 243
R 2022 = 242
R 2024 = 244
R 2025 = 231
R 2027 = 245
R 2030 = 233
R 2031 = 228
R 2032 = 237
R 2033 = 226
R 2035 = 230
R 2037 = 235
R 2038 = 186
R 2039 = 187
R 2040 = 293
R 2041 = 301
R 2042 = 300
R 2043 = 303
R 2044 = 302
R 2045 = 304
R 2046 = 305
R 2048 = 313
R 2051 = 290
R 2252–2283 = 11
R 2573 = 48
R 2574–2605 = 10
R 2656 = 52
R 2657–2679 = 77
R 2682 = 34
R 2683–2700 = 13
R 2862 = 324
R 2863 = 49
R 2902 = 232
R 2903 = 285, 299
R 2909 = 308
R 2910 = 307
R 2911 = 306
R 2913 = 309
R 2914 = 310
R 2915 = 311
R 2916 = 299
R 2917 = 78
R 2920–2983 = 81
R 3177 = 51
R 3366 = 35
R 3366a = 323
R 3828 = 53
R 3829–3858 = 75
R 4194–4224 = 18
R 4225 = 37
R 4226 = 21
R 4227–4228 = 20
R 4229 = 21
R 4230–4233 = 20
R 4234 = 22
R 4235–4236 = 23
R 4237 = 21
R 4358–4371 = 76
R 4374–4389 = 15
R 4390–4420a = 26
R 4421 = 32
R 4422–4436 = 76
R 4437–4452 = 15
R 5250 = 56
R 5251 = 39
R 5252–5283 = 29
R 5284 = 38
R 5285–5316 = 14
R 5621 = 36
R 5622–5653 = 17
R 6460 = 367
R 6575 = 47
R 6608 = 41
R 6609–6640 = 27
R 9334–9364a = 25
St. R. 16 = 391
I 14.104 = 330
I 14.105 = 352
I 14.783 = 334
I 14.853 = 331
I 14.854 = 332
I 14.1353–1356 = 346
11/136 = 63
12/171 = 156
12/192 = 160
12/193 = 162
12/194 = 163
12/195 = 161
12/196 = 164
12/197 = 165
12/198 = 166
12/199 = 167
12/200 = 159
12/201 = 168
12/202 = 160
12/203 = 162
12/204 = 163
12/205 = 161
12/206 = 164
12/207 = 165
12/208 = 166
12/209 = 167
12/210 = 159
12/211 = 168
13/35 = 368
13/545 = 54
13/546 = 19
13/547 = 16
13/548 = 24
22/14 = 376
22/16 = 208
22/17 = 170
22/18 = 171
22/19 = 172
22/20 = 173
22/21 = 174
22/22 = 175
22/23 = 176
22/24 = 177
22/25 = 178
22/26 = 179
22/27 = 180
22/28 = 181
22/29 = 182
22/30 = 183
22/31 = 318

22/32	= 319
22/33	= 279
22/34	= 280
22/35	= 281
22/36	= 282
22/37	= 192
22/38	= 194
22/39	= 193
22/40	= 191
22/41	= 278
22/42	= 283
22/60	= 123
23/20	= 50
23/20a	= 181
23/20b	= 225
23/20, 1	= 219
23/20, 2	= 210
23/20, 3	= 224
23/20, 4	= 225
23/20, 5	= 195
23/20, 6	= 185
23/20, 7	= 171
23/20, 8	= 214
23/20, 9	= 209
23/20, 10	= 225
23/20, 11	= 212
23/20, 12	= 225
23/20, 13	= 215
23/20, 14	= 216
23/20, 15	= 217
23/20, 16	= 218
23/20, 17	= 205
23/20, 18	= 220
23/20, 19	= 206
23/20, 20	= 221
23/20, 21	= 222
23/20, 22	= 211
23/20, 23	= 225
23/20, 24	= 213
23/20, 25	= 225
23/20, 26	= 223
26/10	= 74
26/11	= 70
26/12	= 71
26/13	= 113
26/14	= 111
26/15	= 116
27/156	= 366
27/430	= 327
27/531	= 350, 388
27/532	= 350, 365
27/533	= 370
27/536	= 356
27/538	= 384
28/58	= 9
29/168	= 151
29/169	= 152
29/170	= 153
29/171	= 156
29/550	= 320
29/553	= 363
29/554	= 360
29/555	= 358
29/556	= 380
29/557	= 357
29/558	= 385
29/559	= 379
29/560	= 361
29/561	= 383
29/629	= 371
29/702	= 339
29/703	= 349, 390
29/708	= 362
29/709	= 387
29/710	= 377
29/2693	= 359
29/2694	= 381
30/118	= 55, 80, 347
30/272	= 120
30/273	= 117
30/274	= 119
30/275	= 122
30/276	= 118
30/277	= 121
30/278	= 97
30/1831	= 112
31/149	= 69
31/150	= 68
34/384	= 336
34/2409	= 335
39/28	= 348, 364
39/29	= 382
41/115, 1	= 246
41/115, 2 u. 3	= 247
41/115, 4–6	= 248
41/115, 7	= 252
41/115, 8–11	= 249
41/115, 12–13	= 250
41/115, 14–16	= 251
41/115, 17	= 253
41/115, 18–19	= 254
41/115, 20	= 255
41/115, 21–22	= 256
41/115, 23–24	= 257
41/115, 25	= 258
41/116	= 83
41/116, 6	= 82
41/123, 1	= 57
41/123, 2	= 338
41/123, 3	= 340
43/251	= 204
43/252	= 203
43/253	= 202
43/254	= 185
43/255	= 291
47/21, 1782	= 386
47/21, 1813	= 372
50/100	= 369
64/71	= 392

KÜNSTLERVERZEICHNIS

B = Bildschnitzer, D = Drechsler, M = Medailleur, S = Stecher, T = Tischler, V = Verleger

Die geraden Zahlen bezeichnen die Katalognummern, die Zahlen in *Kursiv* die Seiten.

PERSONENVERZEICHNIS

Die geraden Zahlen bezeichnen die Katalognummern, die Zahlen in *Kursiv* die Seiten.

Papier: Scheufelen, Oberlenningen. — Druckstöcke: Walter Bohm & Co., Berlin. — Vierfarbige Offsetreproduktionen: FBS, München. — Buchdruck: Karl M. Lipp, München. — Farbdruck: Pera-Druck, Gräfelfing. Erschienen im Deutschen Kunstverlag, München Berlin 1972.
ISBN 3 422 00653 2

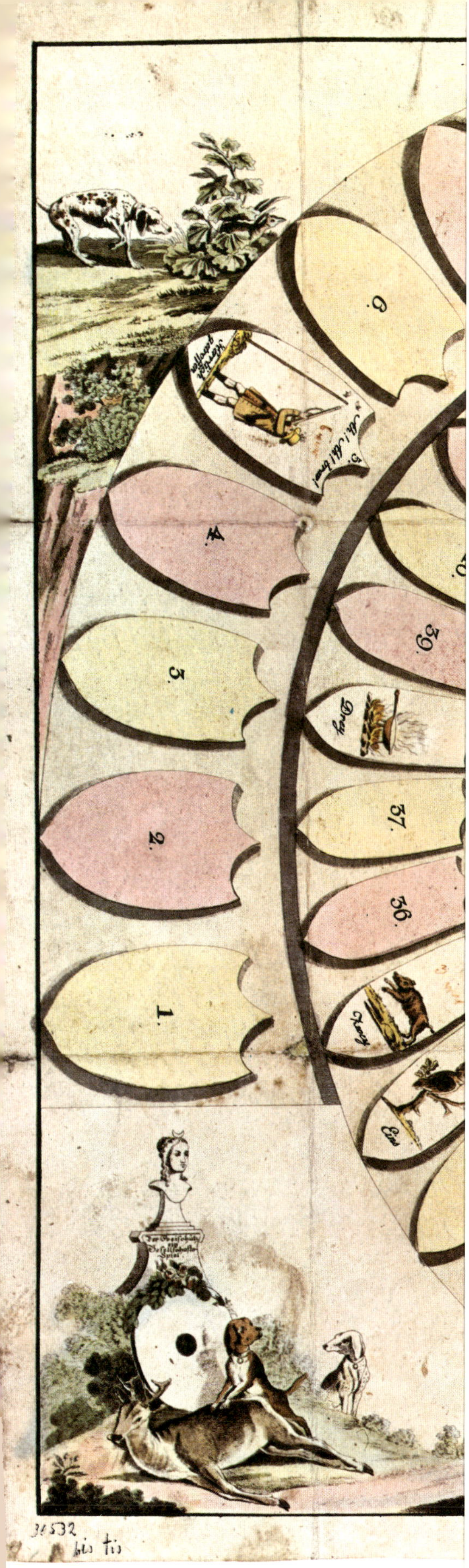

Kat. Nr. 376